Sergio A. Dagradi

Filoso-fare

Materiali storiografici e didattici sull'emergenza del pensiero filosofico

il glifo ebooks

ISBN: 9788897527602
Prima edizione: Gennaio 2024
Copyright © *il glifo*, 2024, www.ilglifo.it

Indice

0. UNA BREVISSIMA PREMESSA.   9

1. IL PENSIERO E LA MONETA; OVVERO, L'ASTRATTO E IL SIMBOLICO.   13

2. I MUTAMENTI DEL CONTESTO ECONOMICO-SOCIALE NELL'ANTICA ELLADE.   29

3. ORIGINE E SENSO DEL MITO E DELLA MITOLOGIA.   39

4. LA LAICIZZAZIONE DEL PENSIERO NEL QUADRO DI EMERGENZA DELLA FILOSOFIA GRECA.   49

5. DALL'ORALITÀ ALLA SCRITTURA: DAL PENSIERO MITICO AL PENSIERO DEL LÓGOS.   53

6. LO STUPORE E IL PENSARE FILOSOFICO.   59

7. PLATONE, LA CRISI DELLA CITTÀ E LA FILOSOFIA; OVVERO, LA FILOSOFIA COME ESPRESSIONE DELLA SEPARAZIONE TRA LAVORO INTELLETTUALE E LAVORO MATERIALE.   63

BIBLIOGRAFIA   69

QUARTA DI COPERTINA   79

Sergio A. Dagradi   79

Pensare, dal punto di vista dell'azione, ma non solo, non significa entrare in un già pensato, in un'articolazione già stabilita, significa anzitutto lottare contro tutto ciò che separa (oggi, nel momento in cui siamo) il significato dal significante, contro tutto ciò che impedisce al desiderio di prendere la parola e, con la parola, il potere.
Jean-François Lyotard

0. Una brevissima premessa.

Il pensiero non è ciò che abita una condotta e le dà un senso; è, piuttosto, ciò che permette di prendere le distanze nei confronti di questa maniera di fare o di reagire, di assumerla come oggetto di pensiero e di interrogarla sul suo senso, le sue condizioni e i suoi scopi. Il pensiero è la libertà rispetto a quello che si fa, il movimento con cui ci si distacca da quello che si fa, lo si costituisce come oggetto e lo si pensa come problema.

Michel Foucault

Secondo una delle tante, possibili auto-ricostruzioni che il pensiero filosofico ha offerto e ancora potrebbe offrire di sé stesso, la filosofia sarebbe intesa come quel sapere che ha preteso articolare, pur nel suo variegato e disperso sviluppo storico, il discorso umano attorno alle capacità, alle possibilità e ai limiti del *pensiero*, o per lo meno ha preteso di farlo nell'alveo della cultura esperia. La filosofia, in un certo qual senso, sembrerebbe poter essere intesa come il meta-discorso che il pensiero umano ha potuto organizzare su se stesso, e sulle sue dissimili forme, ma solamente a partire da un peculiare momento del proprio sviluppo, coincidente anzitutto con l'attestarsi consapevole di un pensiero astratto e concettuale. E questa consapevolezza sarebbe accaduta in un tempo e in una dislocazione spaziale ben precisi: nell'antica Grecia.

In tal senso, assumendo l'orizzonte greco antico come punto di analisi privilegiato per l'emergenza del pensiero filosofico – sebbene, come la storiografia ha oramai evidenziato, orizzonte non scevro dalle influenze di altre culture e civiltà[1] –, l'origine di questo stesso pensiero sarebbe da concettualizzare quale piano di convergenza di alcuni orientamenti economici, sociali, politici e culturali storicamente ben definibili e il cui punto di confluenza sarebbe stato rappresentato, per l'appunto, dall'emergenza della stessa filosofia greca.

Le pagine che seguono vorrebbero delineare, allora, alcune ipotesi storiografiche attorno all'intrecciarsi di certune di queste istanze, che avrebbero permesso il costituirsi di quell'ordine di pensiero

---

[1] Primissime indicazioni in tal senso in Walter BURKERT, *Da Omero ai Magi. La tradizione orientale nella cultura greca*, a cura di Claudia Antonetti, Marsilio, Venezia 1999.

definibile appunto attraverso il termine *filosofia*: ovvero, l'attestarsi, attraverso un processo evolutivo umano lungo, complesso, articolato, non-lineare, di un pensiero simbolico-astraente; la laicizzazione dell'utilizzo di tale pensiero in un contesto economico-sociale e politico in deciso mutamento, seppur con tempistiche diverse da regione a regione dell'antica Ellade; il passaggio da forme di comunicazione orali a forme di comunicazione centrate sull'uso della scrittura alfabetica, con conseguente trasformazione del correlato concetto di *verità* e delle modalità per un suo attingimento; il carattere di *stupore* che sembrerebbe pervadere la consapevolezza di sé dei primi filosofi.

Questi processi occorre intenderli, al contempo, come paralleli e convergenti: solamente il loro sviluppo in aree geografiche determinate ha potuto implicare il loro sovrapporsi, richiamarsi e con-*fondersi*, nell'istituire il piano di emergenza sul quale è venuto a stagliarsi, come detto, il pensiero filosofico. Detto altrimenti. Come sempre, come per ogni fenomeno culturale, solamente la piena maturazione di tali istanze in un convergere unitario, ha permesso, e unicamente con Platone, di definire in modo consapevole e univoco quel nuovo fenomeno che si stava delineando nell'orizzonte greco con un unico termine: per l'appunto *filosofia*.

Da un punto di vista didattico, quanto segue vorrebbe allora anche proporsi come un primo momento di riflessione nell'avviamento allo studio della disciplina, particolarmente centrato sulla disamina di alcuni nuclei problematici, la cui intellezione ritengo essenziale per una adeguata comprensione del sorgere della filosofia stessa e del suo specifico regime discorsivo e veritativo. Questo nuovo approccio alla materia, per certi versi sperimentale, nasce anche in relazione a due ragioni storiografiche oramai ben evidenti agli studiosi, ma ancora non pienamente accolte – purtroppo – dalla trattazione manualistica e nella didattica della scuola italiana: in primo luogo, la necessità del definitivo superamento dell'anacronistica categoria dei *presocratici*, che sempre ha accompagnato la precedente didattica, spesso anche meramente nozionistica, di avvio allo studio della disciplina[2]; in seconda battuta, il riconoscimento di Platone come

---

[2] Tra i primi ad argomentare efficacemente contro tale categoria storiografica Eric A. HAVELOCK, *The Preplatonic Thinkers of Greece. A Revisionist History*, inedito, tr. it. di Liana Lomiento, *Alle origini della*

colui che, per primo, ha sviluppato un discorso che possa pienamente e consapevolmente definirsi filosofico, e, di conseguenza, l'esigenza di un confronto quanto più anticipato possibile – rispetto alla tradizionale scansione scolastica – con il suo pensiero e i suoi testi[3].

Infine, risulterà spero evidente, nel corso della trattazione, come l'approccio all'origine della filosofia possa avvenire anche seguendo autonomamente ciascuno dei fenomeni che qui verranno viceversa presentati come co-partecipi dell'evenienza della filosofia stessa, o insistendo su alcuni – e non altri – degli stessi nuclei tematici qui proposti.

Il presente lavoro nasce come ampliamento e approfondimento di una sua prima versione, dal titolo *Come andremo a cominciare... Materiali per una introduzione problematica alle origini del pensiero filosofico*, e ospitato dalla rivista "Comunicazione filosofica" (n. 36, maggio 2016, pp. 95-111, URL: http://www.sfi.it/archiviosfi/cf/cf36.pdf).

---

filosofia greca. Una revisione storica, introduzione, revisione e note a cura di Thomas Cole, Laterza, Roma-Bari 1996. Dubbi, in tal senso, sono comunque rinvenibili già di Friedrich Nietzsche, nei corsi da lui tenuti all'Università di Basilea tra il 1869 e il 1876. Si cfr., ad esempio, Friedrich NIETZSCHE, *Die Philosophie im tragischen Zeitalter der Griechen*, (1873), tr. it. di Giorgio Colli, *La filosofia nell'epoca tragica dei Greci*, in ID., *La filosofia nell'epoca tragica dei Greci e scritti 1870-1873*, Adelphi, Milano 1991, pp. 135-223, dove la scansione tra attività filosofica propriamente detta e fase precedente è scandita dalla figura di Platone, non di Socrate (in part. *ivi*, pp. 147-149).

[3] Su Platone come *primo* filosofo si cfr., ad esempio, l'impostazione di Giorgio COLLI, *La nascita della filosofia*, Adelphi, Milano 1988[8] (1[a] ed. 1975); ma anche Fulvio PAPI, *Capire la filosofia*, Ibis, Como-Pavia 1993, oltre al già citato Nietzsche.

0. Una brevissima premessa.

1. Il pensiero e la moneta; ovvero, l'astratto e il simbolico.

L'uomo libero è privo di eticità, poiché egli vuole dipendere in tutto da sé e non da una tradizione [...].

Friedrich Nietzsche

Se, come anticipato anche nella *Introduzione*, la filosofia ha avuto e ha a che vedere con la ragione umana, con il pensiero e la concettualizzazione; se la filosofia ha voluto riflettere sull'utilizzo che l'uomo ha fatto, e continua a fare, del proprio pensiero simbolico astraente, dobbiamo anzitutto cercare di capire la *specificità* di tale pensiero umano e delle sue potenzialità. O, per lo meno, cercare di farlo per quanto di pertinenza a un discorso sulle origini del pensiero filosofico. Potremmo anche dire così: la definizione stessa di cosa sia il *pensiero*, non è così immediata come si potrebbe credere. Anche attorno al *pensiero* occorre una sorta di indagine preliminare e preparatoria per poterne adeguatamente intenderne la peculiarità e la potenza.

Un ruolo fondamentale nel definire tale peculiarità del *pensiero* umano, rispetto a una generica *intelligenza*, della quale anche gli esseri viventi in generale sarebbero portatori[4], risulta essere come

---

[4] Relativamente a queste problematiche si cfr., introduttivamente, l'ancor valido Derek George BOYLE, *Language and Thinking in Human Development*, Hutchinson, London 1971, tr. it. di Rino Rumiati, *Mente e linguaggio*, Il Mulino, Bologna 1977, pp. 19-27.

Puntualizza Edgar Morin: "Si può parlare d'intelligenza laddove vi sia attitudine cerebrale a combinazioni appropriate di programmi e strategie. L'intelligenza può essere definita come un'attitudine a trattare e avviare a soluzione problemi in situazioni di complessità" (Edgar MORIN, *L'emergere del pensiero*, in AA.VV., *Des étoiles à la pensée*, Diogène, Paris 1991; tr. it. di Gianfranco Fiameni, AA.VV., *Dalle stelle al pensiero*, Linea d'Ombra Edizioni, Milano 1993, p. 196).

Su questo argomento mi permetto di rimandare anche ai miei contributi: *Sul pensiero non umano. Appunti per un percorso transdisciplinare/parte I*, "Comunicazione filosofica", n. 50, maggio 2023, pp. 118-127, URL: https://www.sfi.it/files/download/Comunicazione%20Filosofica/Comunicaz ione%20Filosofica%2050%201_2.pdf; *Sul pensiero non umano. Appunti per un percorso transdisciplinare/parte II*, ivi, n. 51, novembre 2023, pp. 167-176, URL: https://www.sfi.it/files/download/Comunicazione%20Filosofica/Comunicaz

noto la capacità *astraente*, che ne caratterizzerebbe l'attività simbolica. Esula dal presente lavoro discutere dettagliatamente e illustrare puntualmente l'emergenza del pensiero concettuale umano in una prospettiva evoluzionistica, ovvero lungo quel processo di ominazione, variegato e disperso (recentemente definito *a cespuglio*), che ha portato alla comparsa dell'*Homo sapiens* e, come detto, di un suo peculiare modo di pensare, quello appunto simbolico astratto. Qualcosa è pur tuttavia necessario accennare[5].

Condurremo pertanto il nostro discorso attorno a due fuochi prospettici ben definiti: accenneremo inizialmente, e nei suoi tratti essenziali, al processo di emergenza del pensiero simbolico astraente nel corso del processo di ominazione; ci concentreremo, in un secondo tempo, sul momento storico nel quale è possibile intendere un pieno e consapevole utilizzo da parte dell'uomo di tale pensiero, ovverosia con l'utilizzo della *moneta*.

Rispetto al primo fuoco, occorre – come detto – abbandonare anzitutto l'idea di una successione lineare tra le varie tappe dell'evoluzione umana, secondo la quale l'ominide più evoluto

---

ione%20Filosofica%2051%202_2023.pdf; e *Sul pensiero non umano. Appunti per un percorso transdisciplinare/parte III*, (in preparazione).

[5] Anche attraverso questo percorso potremmo, forse, divenire maggiormente consapevoli della nostra singolarità di esseri dotati di una certa ragione, di una determinata possibilità a pensarci e a pensare la realtà che ci circonda. Rimandiamo in tal senso, propedeuticamente, a: Edgar MORIN, *L'emergere del pensiero*, op. cit., pp. 193-209; Michael TOMASELLO, *The cultural origins of human cognition*, Harvard University Press, Cambridge, Mass. 1999, tr. it. di Maurizio Riccucci, *Le origini culturali della cognizione umana*, Il Mulino, Bologna 2005; Ian TATTERSALL, *Masters of the Planet. The Search of Our human Origins*, St. Martin's Press, New York 2012, tr. it. di Allegra Panini, *I signori del pianeta. La ricerca delle origini dell'uomo*, Codice Edizioni, Torino 2013, in part. pp. 227-260; Giorgio MANZI, *Il grande racconto dell'evoluzione umana*, Il Mulino, Bologna 2013; Jim BAGGOTT, *Origins. The Scientific Story of Creation*, Oxford University Press, Oxford-London 2015; tr. it. di Isabella C. Blum, *Origini. La storia scientifica della creazione*, Adelphi, Milano 2017, pp. 363-389; Giorgio MANZI, *Ultime notizie sull'evoluzione umana*, Il Mulino, Bologna 2017. Utili indicazioni di sintesi, relative anche al territorio italiano, in Fabio MARTINI, *Archeologia del Paleolitico. Storia e cultura dei popoli cacciatori-raccoglitori*, Carocci, Roma 2008.

1. Il pensiero e la moneta; ovvero, l'astratto e il simbolico.

discenderebbe direttamente da quello meno evoluto. Dobbiamo concepire l'evoluzione umana, invece, secondo un *modello a cespuglio*: diverse specie di ominidi sono comparse e scomparse come prodotto di una *radiazione adattiva molto spinta* e che portò a una grande *differenziazione* tra gli ominidi stessi. L'*Homo sapiens* fu quello che, alla fine, emerse perché meglio si adattò a ecosistemi diversi, anche e soprattutto in funzione delle sue capacità di *pensiero*.

Ora, se è vero che

> fin dalle sue prime forme, e fino alla nostra, l'uomo ha manifestato e potenziato l'attitudine alla riflessione, ossia a tradurre in simboli la realtà materiale del mondo circostante. Proprietà elementare del linguaggio è di creare, parallelamente al mondo esterno, un onnipotente mondo di simboli senza i quali l'intelligenza non avrebbe punti di riferimento[6]

tuttavia, questo processo è stato lungo e ha trovato compimento solamente in un'epoca più recente.

Infatti, se è parimenti dimostrato che anche "realizzare oggetti uniformi seguendo un dato insieme di regole implica la capacità di rispettare e apprezzare collettivamente ciò che è giusto e appropriato. Questo passaggio viene [però, *N.d.R.*] considerato da alcuni studiosi un segno limite tra comportamento *protoumano* e quello *umano*"[7]: nella documentazione tecnologica, infatti, nulla comprova la sicura presenza di un pensiero simbolico pienamente sviluppato. Il *pensiero simbolico* possiamo ritenerlo attestato esclusivamente con la comparsa della cosiddetta *arte parietale* e più in generale della *cultura visuale*, ossia solamente nel Paleolitico superiore (35.000-10.000 anni fa), da parte dell'*Homo sapiens*[8]. E anche qui con molti problemi.

---

[6] André LEROI-GOURHAN, *Les religions de la préhistoire. Paléolithique*, P.U.F., Paris 1964, tr. it. di Elina Klersy Imberciadori, *Le religioni della preistoria. Paleolitico*, Adelphi, Milano 1993, p. 16.

[7] Ian TATTERSALL, *Masters of the Planet. The Search of Our human Origins*, op. cit., p. 151.

[8] Se è pur vero che testimonianze di esperienze grafiche e figurative compaiono già nel Paleolitico medio e addirittura in quello inferiore, tuttavia "queste esperienze pre-*sapiens* [...] non sono mai giunte all'elaborazione di un sistema di materializzazione della visione, sistema che possiamo ricondurre all'invenzione ad opera del *sapiens* del segno lineare come strumento grafico. [...] il sorgere del codice visuale sembra

1. Il pensiero e la moneta; ovvero, l'astratto e il simbolico.

Sicuramente,

[…] l'artista è creatore di un messaggio: alle forme egli attribuisce una funzione di simbolo […]. Tale messaggio esprime il bisogno dell'individuo e del gruppo sociale, bisogno sia fisico che psichico, di agire sull'universo, di far sì che l'uomo s'inserisca, attraverso l'apparato simbolico, nella mutevolezza e nell'aleatorietà che lo circondano.[9]

Non sappiamo però con esattezza *che cosa* volessero simboleggiare quegli artisti, poiché è impossibile dissociare l'uso di un pensiero simbolico dal linguaggio, in quanto i simboli risultano essere *dichiarativi*, non semplicemente rappresentazioni intuitive[10].

---

collegarsi, in una visione biologica, alla capacità non solo di ricevere un'informazione dalla visione ma di trasmettere l'informazione attraverso la produzione di un'immagine. Esclusiva del *sapiens* pare questa capacità di diffondere un codice figurativo e il suo complesso mondo di significati all'interno dei sistemi educativi di una comunità, inserendo un nuovo strumento nei sistemi di comunicazione non verbali e un nuovo apporto nella rete dei saperi collettivi" (Fabio MARTINI, *Archeologia del Paleolitico. Storia e cultura dei popoli cacciatori-raccoglitori*, op. cit., p. 138). Ne consegue che già la prima rappresentazione di tali forme artistiche, con la cosiddetta arte aurignaziana, si presenti come una "[…] prima manifestazione organica di comunicazione eidetica, […] come un sistema maturo, il risultato di un procedimento mentale che, partendo dall'assimilazione del reale percepito, lo rielabora e lo restituisce in segni e in un alfabeto iconografico non improvvisato né spontaneo bensì codificato in un linguaggio comprensibile a tutti" (*ivi*, p. 141).

[9] André LEROI-GOURHAN, *Les religions de la préhistoire. Paléolithique*, op. cit., p. 96.

[10] Sulle pitture e le incisioni rupestri, e su alcune delle ipotesi interpretative che sono state elaborate rimando, introduttivamente, almeno a Georges BATAILLE, *Lascaux ou la naissance de l'art*, Albert Skira, Genève 1954, tr. it. di Luca Tognoli, *Lascaux. La nascita dell'arte*, Aesthetica, Milano 2014; Antonio BELTRÁN, *Arte rupestre preistorica*, Jaca Book, Milano 1993; Amir D. ACZEL, *The Cave and the Cathedral: How a Real-Life Indiana Jones and a Renegade Scholar Decoded the Ancient Art of Man*, John Wiley & Sons, Hoboken 2009, tr. it. di Luca Guzzardi, *Le cattedrali della preistoria. Il significato dell'arte rupestre*, Raffaello Cortina, Milano 2010. Come esemplificazione sul territorio italiano rinvio al caso delle incisioni rupestri dell'Altipiano dei Sette Comuni (VI), poco conosciuto probabilmente, ma forse per questo maggiormente significativo per poterne intenderne i tentativi di interpretazione dati mediante una lettura dei saggi proposti, scevra da qualsiasi precomprensione. Per tali incisioni si

1. Il pensiero e la moneta; ovvero, l'astratto e il simbolico.

La ricostruzione del significato simbolico delle pitture parietali e delle incisioni rupestri, ma in genere di tutte le testimonianze di produzioni volontarie dell'uomo preistorico, appare *puramente congetturale*, poiché a partire dai resti materiali conservati e pervenutici, non è possibile decidere per nessuna delle interpretazioni avanzate relativamente al significato simbolico di tali resti. La lettura interpretativa che viene offerta è condizionata, inoltre, dalla debolezza di fondo che soggiace a questi tentativi, spesso basati su *due metodologie* entrambe *erronee, fallaci*:

a) attraverso *un metodo comparativo con popolazioni contemporanee* ritenute ancora a uno stadio cosiddetto *primitivo*, si afferma che una affinità di simboli debba rimandare anche a un analogo contesto rituale e, quindi, debbano assumere le identiche valenze semantiche che hanno presso quelle popolazioni. Ma nulla dimostra che vi sia una tale identità di cultura che, invece di essere dimostrata, viene in tal modo tacitamente assunta a priori, come dato da cui partire, cadendo cosi in quell'errore logico noto come *petizione di principio*;

b) *si proiettano a ritroso nel tempo valenze che determinati simboli sono venuti ad assumere successivamente* nella storia dell'evoluzione culturale umana, anche in questo caso presupponendo, anziché dimostrare, una continuità in tale linea di progressione che elude non solamente il *problema delle fratture*, delle rotture traumatiche che la storia culturale conosce[11], ma anche il problema – assai più frequente – dello *slittamento semantico*

---

possono in tal senso consultare, quale primo orientamento, gli scritti di Sergio SCARAMELLA, *Le incisioni rupestri della Val d'Assa. Il riparo di S. Antonio*, "Quaderni di Cultura Cimbra", n. 17 (1985), pp. 3-12 e soprattutto di Ausilio PRIULI, *Le incisioni rupestri dell'Altopiano dei Sette Comuni*, Priuli & Verlucca Editori, Ivrea 1983.

[11] E sulle quali ha, come noto, posto originariamente la sua attenzione Gaston Bachelard. Si veda a riguardo almeno Gaston BACHELARD, *La formation de l'esprit scientifique. Contribution à une psychanalyse de la connaisance objective*, Vrin, Paris 1938; tr. it. a cura di Enrico Castelli Gattinara, *La formazione dello spirito scientifico. Contributo a una psicoanalisi della conoscenza oggettiva*, Raffaello Cortina Editore, Milano 1995, e soprattutto Gaston BACHELARD, *L'Épistémologie*, P.U.F., Paris 1971; tr. it. di Franco Lo Piparo, *Epistemologia*, Laterza, Roma-Bari 1975, in part. pp. 191-200.

nell'utilizzo di un simbolo in ambiti culturali geograficamente e cronologicamente differenti[12].

L'unica cosa che si potrà comunque dire, con certezza, è che certi usi, di certi oggetti, di certi manufatti, e in particolare la produzione dell'arte parietale, mostrano una determinata capacità di utilizzo del pensiero da parte dell'essere umano che li ha manipolati e, quindi, ritenerlo portatore di un pensiero appunto simbolico astraente. Ad esempio, le classificazioni attuate da Leroi-Gourhan nei suoi studi sull'arte parietale attorno agli animali e ai segni, nonché la cronologia di produzione degli stessi – dall'Aurignaciano (circa 30.000 a.C.) fino al Magdaleniano superiore (circa 10.000 a.C.) –, permettono di dedurre, su basi rigorosamente materiali e statistiche, la presenza a partire da questo periodo dell'umanità di un tema *mitologico* dominante, quello del bisonte-cavallo che, associato all'uso di segni appartenenti a due gruppi (segni allungati e segni pieni), autorizza a sostenere una visione dualista della realtà, espressa primariamente attraverso i simboli della sessualità umana. Lo studio della disposizione topografica delle figure e dei segni nelle caverne conosciute fino a ora permette, sempre su base rigorosamente materiale e statistica, di affermare che ogni caverna appare come un contesto fortemente organizzato, con un sistema simbolico che presuppone un pensiero strutturato e complesso. Infatti, anche le variazioni presenti da grotta a grotta sono riconducibili sempre a un quadro di coerenza. Ma al di là del poter sostenere la presenza di un pensiero binario che associava tra loro, in modo puntuale, animali e segni (questi ultimi che traevano origine esplicitamente da simboli maschili e femminili), nulla sarebbe ulteriormente ipotizzabile. Con le parole dello stesso Leroi-Gourhan: "È comunque prudente distinguere tra osservazioni e spiegazioni [...]. Sarà bene evitare di stabilire rapporti statistici, apparenti ma non significativi, e semplificare oltre misura un pensiero praticato per ventimila anni da popoli molto diversi"[13]. L'arte parietale presenterebbe un linguaggio che condivide la medesima sintassi,

---

[12] Su queste errate metodologie interpretative e, più in generale, sulle difficoltà di ricavare dati univoci dai resti materiali di epoca preistorica si cfr. l'impostazione generale di André LEROI-GOURHAN, *Les religions de la préhistoire. Paléolithique*, op. cit.

[13] *Ivi*, rispettivamente pp. 128 e 127.

1. Il pensiero e la moneta; ovvero, l'astratto e il simbolico.

prospettando però una realtà "[...] muta, fatta unicamente di cifre, senza miti o riti che si possano descrivere"[14].

Possiamo forse sintetizzare l'intero processo evolutivo umano, e le sue produzioni simboliche, nei termini riassuntivi proposti dallo stesso Leroi-Gourhan:

> [...] l'acquisizione del criterio decisivo dell'umanità non è stata la scoperta della scatola cranica degli australantropi (...), ma quella del loro piede, adatto a lasciare loro le mani libere durante il cammino e a lasciare che il cervello si sviluppasse nel progresso delle tecniche e del linguaggio. Antropologicamente l'intelligenza, dalle origini, è legata alla sorte della mano, e gli animali ci sembrano intelligenti nella misura in cui dispongono di un campo di attività manuale più o meno largo e più o meno diversificato. [...] la storia prima della scrittura è la storia della mano antropica o piuttosto (...) la storia dei prodotti del cervello che la mano esteriorizza, ossia anzitutto utensili.[15]

Progressivamente, giungendo a compimento in particolare con il periodo Epigravettiano finale, si assiste a un accentuarsi della tendenza all'*astrazione* e al *simbolismo* dei linguaggi utilizzati nell'arte visuale, anche in connessione alla simbologia assunta dai corredi dell'arte funeraria: il pensiero si dota evidentemente di una grammatica e di una sintassi che a noi risultano però, come detto, sostanzialmente sconosciute.

È in questo senso che occorre capire appieno quale sia l'eventuale unicità di quel *pensiero astratto simbolico* che costituisce lo *specifico umano* e su cui lavorerà, per comprenderlo e formalizzarlo, la filosofia. E individuare altresì il momento nel quale un utilizzo *pienamente consapevole* di esso possa dirsi sicuramente attestato.

---

[14] *Ivi*, p. 133. Ma sull'ipotesi che alcuni segni tracciati in rapporto ad alcune pitture rupestri possano costituire un sistema di proto-scrittura, per la definizione di un calendario per la classificazione degli eventi e dei fenomeni, si cfr. Bennett BACON et al., *An Upper Paleolithic Proto-writing System and Phenological Calendar*, "Cambridge Archeological Journal" vol. 33 (2023), fasc. 3, pp. 371-389

[15] André LEROI-GOURHAN, *Les voies de l'histoire avant l'écriture*, in Jacques LE GOFF – Pierre NORA (dir.), *Faire de l'histoire*, Gallimard, Paris 1974; tr. it. di Isolina Mariani, *Le vie della storia prima della scrittura* in Jacques LE GOFF – Pierre NORA (a cura di), *Fare storia. Temi e metodi della nuova storiografia*, Einaudi, Torino 1981, p. 63.

1. Il pensiero e la moneta; ovvero, l'astratto e il simbolico.

La psicologia, in tal senso, ha da tempo, e lungo la sua evoluzione storica, individuato con il termine *pensiero* quelle condotte che, implicando una scelta, si presentano anzitutto come la soluzione di un problema (*problem-solving*). A conferma si veda, ad esempio, quanto sostenuto già da Peter R. Hofstätter, alla voce *"Pensiero"*, per un non recente manuale della disciplina:

"Ogni volta che nel fronteggiare una situazione ci manchino *azioni istintive* (...) o *automatiche* (*forme acquisite di comportamento* divenuteci abituali [...]), accade che interrompiamo per un tratto le nostre attività per riflettere sul modo di procedere. Quanto accade durante la pausa si chiama pensiero, e l'introspezione ci rivela che esso consiste nella valutazione delle diverse azioni possibili, le quali vengono soppesate e confrontate in funzione dei maggiori o minori vantaggi che presentano"[16]

Ma ancor prima, Sigmund Freud impostava il problema dell'origine del pensiero, nel manoscritto del suo *Progetto di psicologia* del 1895, in questi termini:

[...] il giudizio è un processo ψ, reso possibile solo dall'inibizione esercitata dall'Io e messa in atto dalle differenze tra l'*investimento di desiderio* di un ricordo e un consimile investimento percettivo. Ne segue che, quando queste due cariche coincidono, la conseguenza sarà un segnale biologico per porre termine al pensiero e lasciare iniziare una scarica. Quando esse non coincidono, viene dato incremento all'attività di pensiero, alla quale verrà posto di nuovo termine quando esse coincideranno.[17]

Anche l'interpretazione offerta da James Hillman volle sottolineare il legame tra paura-fuga-riflessione come origine del pensiero: "Psicologicamente, la fuga diviene riflessione (*reflexio*), il ripiegarsi all'indietro e via dallo stimolo, per riceverlo indirettamente attraverso la luce della mente"[18].

---

[16] Peter R. HOFSTÄTTER, *Psychologie*, Fischer, Frankfurt a.M.-Hamburg 1957, tr. it. di Pietro Faglioni, *Psicologia*, Feltrinelli, Milano 1964, p. 165.

[17] Sigmund FREUD, *Opere*, vol. 2, Bollati Boringhieri, Torino 1989, pp. 232-233.

[18] James HILLMAN, *An Essay on Pan*, in ID., *Pan and the Nightmare*, Spring, New York 1972, pp. 3-65; tr. it. di Aldo Giuliani, *Saggio su Pan*, Adelphi, Milano 2003[13] (1ª ed. 1977); la citazione è alle pp. 114-115. Ulteriori esempi passati di pensiero come *problem-solving*, da un punto di vista gestaltistico, in: Max WERTHEIMER, *The Syllogism and Productive Thinking*, in Willis D. ELLIS (ed.), *A Source Book of Gestalt Psychology*,

1. Il pensiero e la moneta; ovvero, l'astratto e il simbolico.

Sempre la psicologia ha differenziato, inoltre, quelle attività che sono definibili come *problemi propriamente detti* dai cosiddetti *compiti*. Questi ultimi implicherebbero una procedura di soluzione del contesto problematico graduale, *step by step*; i primi richiederebbero, viceversa, una *ristrutturazione* dell'ambiente problematico, ossia l'utilizzo di un pensiero propriamente *produttivo*. Come sintetizzato da Giuseppe Mosconi, "[...] quando si attua una ristrutturazione avviene qualcosa di veramente nuovo, qualcosa *si capovolge*, si produce un cambiamento qualitativo e non soltanto un cambiamento quantitativamente più o meno rilevante"[19].

La cesura che caratterizzerebbe la specificità dell'attività riflessiva umana, rispetto ad analoghe condotte animali, andrebbe comunque individuata nella peculiare modalità di *attività simbolica* che ne accompagnerebbe il dispiegarsi. Detto altrimenti, il pensiero umano si distinguerebbe per il suo carattere propriamente *astratto*, mediato da rappresentazioni *linguistiche* utilizzate normalmente sotto forma di *concetti*: "[...] è impossibile immaginare i meccanismi di pensiero slegati dal linguaggio, perché senza la sua mediazione tali processi dovrebbero essere del tutto intuitivi e non dichiarativi: la mente, cioè, si limiterebbe ad associare gli stimoli in entrata con i ricordi e a formulare risposte adeguate"[20]. Già secondo Derek George Boyle, "[...] è probabile che gran parte del simbolismo tragga origine dai tentativi dell'uomo di stabilire un rapporto con il mondo che lo circonda. [...] Non dovrebbe sorprenderci se l'uomo primitivo riteneva necessario costruire rappresentazioni del suo mondo nel tentativo di ricercare un rapporto con esso [...]"[21]. Il simbolo costituirebbe, in tal senso, il medio relazionale tra l'uomo e la realtà: la realtà si dà all'uomo come simbolo, aspetto sul quale occorrerà

London 1950; poi in J. M. MANDLER – G. MANDLER (eds.), *Thinking: From Association to Gestalt*, London 1964 (ma l'edizione originale tedesca è del 1920); Karl DUNCKER, *On Problem Solving*, "Psychological Monographs", vol. 58 (1945), n. 5, pp. 1-113 (ma l'edizione originale tedesca è del 1935).

[19] Giuseppe MOSCONI, *Pensiero*, in Paolo LEGRENZI (a cura di), *Manuale di psicologia generale*, Il Mulino, Bologna 1997² (1ª ed. 1994), p. 404.

[20] Ian TATTERSALL, *Masters of the Planet. The Search of Our human Origins*, op. cit., p. 243.

[21] Derek George BOYLE, *Language and Thinking in Human Development*, op. cit., p. 75.

1. Il pensiero e la moneta; ovvero, l'astratto e il simbolico.

ritornare. La stessa coscienza umana avrebbe un carattere *verbale*: l'individuo risulterebbe cosciente di ciò che ha la possibilità di obiettivare verbalmente, di essere esprimibile verbalmente[22]. Il linguaggio come specifico umano è da porsi quindi in stretta relazione con lo sviluppo del suo pensiero: "Sembra che la *configurazione* del cervello sia il fattore importante, e, in particolare, lo sviluppo delle aree della corteccia cerebrale che permettono la formazione di associazioni tra le diverse informazioni integrate in quell'area"[23].

In modo magari provvisorio potremmo asserire, quindi, che un concetto è la capacità di individuare la classe di appartenenza di oggetti anche mai sperimentati in precedenza[24]; secondo una definizione alternativa, il concetto rappresenterebbe "[…] una "regolarità", un insieme di caratteristiche costanti, riscontrata negli eventi e negli oggetti e designata con un nome"[25]. Espresso con una terminologia più immediata: le "[…] immagini mentali che abbiamo per le parole sono i nostri *concetti* […]"[26].

---

[22] Su tale carattere della coscienza umana avevano originariamente insistito George H. MEAD, *Mind, Self and Society*, University of Chicago Press, Chicago 1934 e Hubert ROHRACHER, *Die Arbeitsweise des Gehirns und der psychologhiscen Vorgänge*, Barth, München 1953. Un riscontro letterario in Paul Auster: "Il mondo penetra in noi per il tramite degli occhi, tuttavia noi non siamo in grado di dargli un *senso* finché non scende alla bocca" (Paul AUSTER, *Moon Palace*, Viking Press, New York 1989, tr. it. di Mario Biondi, *Moon Palace*, Einaudi, Torino 1997, p. 133; corsivo nostro). Si cfr. anche George A. MILLER, *Some Preliminaries to Psycholinguistics*, "American Psycologist", vol. 20 (1965), n. 1, pp. 15-20.

[23] Derek George BOYLE, *Language and Thinking in Human Development*, op. cit., p. 201. Si vedano, in tal senso, anche le prime considerazioni in questa direzione elaborate a suo tempo da Eric H. LENNEBERS, *Biological Foundations of Language*, London 1967.

[24] Si cfr., quale studio per certi versi precursore in materia, John B. CARROLL, *Words, Meanings and Concepts*, "Harvard Educational Review", vol. 34 (1964), n. 2, pp. 178-202.

[25] Joseph D. NOVAK - D. Bob GOWIN, *Learning how to learn*, Cambridge University Press, Cambridge-New York 1984; tr. it. a cura di Silvia Caravita, *Imparando ad imparare*, (1984) tr. it. SEI, Torino 1989, p. 21.

[26] *Ivi*, p. 45.

1. Il pensiero e la moneta; ovvero, l'astratto e il simbolico.

La psicologia sperimentale ha cercato da lungo tempo di dar conto dell'origine dei concetti partendo anzitutto dalle classi di *identità* (una certa varietà di stimoli sono classificabili come *uguali*) e da quelle di *equivalenza* (item differenti vengono in determinate circostanze trattati come *equipollenti*):

Noi classifichiamo gli oggetti come identici e equivalenti discriminando alcuni attributi e usandoli come base per la classificazione. Impariamo nuovi concetti individuando in un oggetto quegli attributi che l'oggetto deve avere per appartenere ad una categoria piuttosto che ad un'altra; avendo identificato questi attributi si possono riconoscere altri oggetti come appartenenti o meno a quella categoria, a seconda del caso.[27]

Si deve, come noto, agli studi di Jerome S. Bruner l'individuazione, negli esseri umani, di tre modalità di elaborazione e organizzazione delle informazioni in rappresentazioni *esecutive*, *iconiche*, e *simboliche*. L'utilizzo di queste strategie consentirebbe il processo di *categorizzazione*, ovvero di classificazione e ordinamento della realtà[28].

Il tipo di attributi che definiscono un concetto, nonché il modo in cui vengono combinati, ha inoltre portato a distinguere tra concetti *congiuntivi* (A è un qualsiasi ente avente le proprietà x e y), *disgiuntivi* (B è un qualsiasi ente avente la proprietà k o z) e *relazionali* (dati dalla combinazione di due o più attributi come *tempo, spazio, grandezza…*).

Emergerebbe inoltre, da una delle definizioni fornite, come la comunicabilità del concetto mediante un segno linguistico (ad esempio, un nome) ne costituirebbe l'intersoggettività o universalità soggettiva. La condivisione linguistica, detto altrimenti, renderebbe possibile la condivisione umana dell'esperienza e, pertanto, la condivisione simbolica della stessa: "È possibile che alcuni animali riconoscano queste regolarità negli eventi e negli oggetti; gli uomini però sembrano essere gli unici capaci di inventare e usare simboli linguistici per denominare le regolarità percepite e per comunicarle

---

[27] Derek George BOYLE, *Language and Thinking in Human Development*, op. cit., p. 142.

[28] Su questi temi si veda almeno Jerome S. BRUNER, *A Study of Thinking*, Routledge, New York 2017[2] (1ª ed. 1986).

agli altri"[29]. Ricordiamo, comunque, che tanto la natura del simbolo che quella del concetto sono stati tra i problemi più dibattuti nella stessa storia della filosofia. Vale la pena anche accennare al fatto che "[…] alcuni problemi di comprensione nella comunicazione tra le persone nascono proprio dal fatto che i concetti non sono mai del tutto identici sebbene siano espressi mediante le stesse parole"[30].

Occorre avere presente, infine, che una delle potenzialità dei simboli discorsivi umani è anche quello di poter simboleggiare se stessi, di poter 'parlare di sé'. Questa capacità *metasimbolica* è fondamentale per il processo umano di concettualizzazione della realtà e di consapevolezza di questo stesso processo. L'uomo pensa, e non semplicemente calcola, nel momento in cui è consapevole dei processi di pensiero che mette in atto per orientarsi nella realtà e grazie ai quali crea quell'habitat culturale – *non naturale* – che solo gli consente la sopravvivenza. L'uomo è, in tal senso, un animale *culturale*, ossia *simbolico*, poiché solamente nell'orizzonte artificiale da lui elaborato della cultura, dei simboli gli è offerto uno spazio di esistenza (e di *costruzione di senso* di questa stessa esistenza), sovrapponendosi e integrandosi all'orizzonte naturale dato (e dal quale non può peraltro mai essere disgiunto).

Se dibattute sono le modalità attraverso le quali l'uomo è evolutivamente pervenuto (e perverrebbe) alla concettualizzazione, e se le ricerche sul funzionamento del pensiero da parte delle neuroscienze sono solo all'inizio, è indubitabile che le testimonianze prime dell'avvenuta emergenza di tale pensiero sono da connettersi a due fenomeni culturali specifici, avvenuti attorno al VIII-VI secolo a.C. in diverse aree del territorio greco: la comparsa e l'uso consapevole della *moneta* da un lato; il definirsi e il diffondersi della *scrittura alfabetica* dall'altro. Soffermiamoci, come anticipato all'inizio del capitolo, sul primo di questi fenomeni. Ci occuperemo dell'emergenza della scrittura alfabetica in uno dei prossimi capitoli.

La moneta ha individuato in un preciso tempo storico, come noto, una compiuta forma di concettualizzazione delle merci, che divenivano scambiabili secondo un *valore estrinseco* alle loro *caratteristiche fisiche* e al loro *valore d'uso*, e rappresentante la

---

[29] Joseph D. NOVAK - D. Bob GOWIN, *Learning how to learn*, op. cit., pp. 21-22.

[30] *Ivi*, p. 45.

1. Il pensiero e la moneta; ovvero, l'astratto e il simbolico.

proporzione astratta che ne rendeva possibile proprio la loro scambiabilità, secondo un *rapporto formale* di reciproca *estraneità*. Analogamente, anche l'oggetto fisico che veniva maneggiato (dei pezzi di metallo di un certo tipo, con certe effigi, ecc.) veniva consapevolmente concettualizzato come *oggetto sociale*, secondo la capacità di farlo contare *come se* rappresentasse il valore che vi era impresso: "La moneta coniata è forma-valore diventata visibile. È infatti un materiale naturale che porta impresso in ogni forma il fatto di non essere destinata all'uso ma allo scambio e alla rappresentazione del valore"[31]. La moneta veniva in tal senso a realizzare, e a implicare nel suo uso, un doppio processo di astrazione: verso le merci di cui divenne il misuratore astratto del valore di scambio e verso l'oggetto fisico di cui ci si serviva per rappresentare formalmente il suddetto valore. La moneta muoveva il pensiero da un piano concreto a un piano puramente *formale*, astratto appunto, poiché veniva a garantire il massimo grado di *universalizzazione* possibile, ponendosi costitutivamente come scambiabile con ogni merce e rendendo, per questo, altrettanto universalmente evidente il valore di scambio di ciascuna di esse. Sintetizza Hans Blumenberg: "Esso [il denaro, *N.d.R.*] salvaguarda la distanza, per costruire tra soggetto e oggetto una sfera di correlati non oggettuali del pensiero, la sfera di ciò che è rappresentabile simbolicamente. Si tratta della possibilità dell'efficacia della mera

---

[31] Alfred SOHN-RETHEL, *Geistige und körperliche Arbeit. Zur Theorie der gesellschaftlichen Synthesis*, Suhrkamp Verlag, Frankfurt a.M. 1970; tr. it. di Vera Bertolino e Francesco Coppellotti, *Lavoro intellettuale e lavoro manuale. Per la teoria della sintesi sociale*, Feltrinelli, Milano 1979[3] (1[a] ed. 1977), pp. 71-72. Per una prima introduzione, accompagnata da ricca bibliografia, sull'origine e la funzione, sociale prima e in un secondo tempo prettamente economica, della moneta si cfr. Ettore LEPORE, *Città-stato e movimenti coloniali: struttura economica e dinamica sociale*, in Ranuccio BIANCHI BANDINELLI (a cura di), *Storia e civiltà dei Greci*, vol. 1, *Origini e sviluppo della città. Il medioevo greco*, Bompiani, Milano 1993, pp. 220-230. Sulla nascita della moneta, valga la nota testimonianza di Erodoto (I, 94, 1): "I Lidi [...] primi fra gli uomini di cui abbiamo conoscenza coniarono monete d'oro e d'argento e se ne servirono, e per primi esercitarono il commercio al minuto" (ERODOTO, *Storie*, tr. it. di Augusta Izzo D'Accinni, vol. I, Rizzoli, Milano 1984, p. 187).

idea, dell'idea come insieme di possibilità, quale è l'idea del valore"[32].

La diffusione dell'uso della moneta rese altresì tangibile la concreta presenza di un pensiero umano capace di astrazione e di concettualizzazione, quale orizzonte di pensabilità del reale, raggiunto dalla cultura umana in una data epoca e in un dato luogo e determinando – a livello metacognitivo – un processo di riflessività attorno a questa capacità concettualizzante propria dell'uomo stesso[33]. In questo senso, seguendo alcune suggestioni di Gilles Deleuze e Felix Guattari, potremmo allora intendere la filosofia proprio come quella forma di discorso e di pensiero che si è storicamente determinata da tale processo di riflessività attorno alla potenza del pensiero astraente umano, in quanto "[...] la filosofia è l'arte di formare, di inventare, di fabbricare concetti"[34].

Letta nel suddetto contesto, la stessa parola φιλοσοφία assumerebbe un'altra intonazione nell'utilizzo che si ritiene ne fece primariamente Eraclito[35]: se la *filosofia* si costituirebbe attorno a un *dire intonato al Lógos*, a un parlare *consonante* con quel modo di presentare astrattamente la realtà, di *posare raccogliente* (*die lesende Lege*), che sarebbe individuato dal *Lógos* stesso, l'equivalenza tra la capacità di scambiare tutte le cose con il fuoco (che in Eraclito è

---

[32] Hans BLUMENBERG, *Schiffbruch mit Zuschauer. Paradigma einer Daseinsmetapher*, Suhrkamp Verlag, Frankfurt am Main 1979, tr. it. di Francesca Rigotti, *Naufragio con spettatore*, Il Mulino, Bologna 1985, p. 132.

[33] Comparsa per la prima volta intorno al 680 a.C. probabilmente ai confini ionici del mondo greco, ovvero in Lidia (come riportato anche dalla testimonianza di Erodoto riportata in precedenza), da prima di grande valore, a partire dal V secolo a.C. vennero coniate anche monete di piccolo valore – solitamente di rame – che assunsero il loro ruolo nelle transazioni quotidiane ed è, quindi, a questa datazione più bassa che l'utilizzo della moneta come regolatore degli scambi commerciali può essere fatto sicuramente e inequivocabilmente risalire.

[34] Gilles DELEUZE - Felix GUATTARI, *Qu'est-ce que la philosophie?*, Les éditions de Minuit, Paris 1991; tr. it. di Angela De Lorenzis, *Che cos'è la filosofia?*, Einaudi, Torino 1996, p. X.

[35] Martin HEIDEGGER, *Was ist das – die Philosophie?*, Günther Neske, Pfüllingen 1956, tr. it. di Carlo Angelino, *Che cos'è la filosofia?*, Il Melangolo, Genova 1981, pp. 22-23

assunto quale simbolo del *Lógos* stesso) è posto dall'aforisma 22 B 90 DK (= [9] HER. D87 LM)[36] in diretta relazione con l'analoga possibilità di permuta che si attua con le monete: "Tanto le cose tutte sono un baratto in cambio del fuoco, quanto lo è il fuoco in cambio delle cose tutte; proprio come lo sono i beni in cambio dell'oro, e l'oro in cambio dei beni"[37].

La filosofia intenderebbe, allora, pienamente la capacità del pensiero astraente di poter mutare ogni singola realtà concreta in concetti e ogni concetto in realtà tangibile, esattamente come ogni merce può tradursi in moneta e ogni moneta in merce.

---

[36] Accanto alla tradizionale annotazione classificatoria dei pensatori preplatonici approntata da Diels e Kranz si dà, delle testimonianze e dei frammenti citati, anche quella corrispondente dell'edizione curata da André Lask e Glenn W. Most [LM] nella Loeb Classical Library (si cfr. André LASK - Glenn W. MOST (eds.), *Early Greek Philosophy*, Harvard University Press, Cambridge (Mass.)-London 2016).

[37] Giorgio COLLI, *La sapienza greca*. Vol. III, *Eraclito*, Adelphi, Milano 1996² (1ª ed. 1993; ma in altra collana 1980), p. 43.

1. Il pensiero e la moneta; ovvero, l'astratto e il simbolico.

2. I mutamenti del contesto economico-sociale nell'antica Ellade.

Lo sgretolamento che sta cominciando è avvertibile solo per sintomi sporadici; la fatuità e la noia che invadono ciò che ancor sussiste, l'indeterminato presentimento di un ignoto, sono segni forieri di un qualche cosa di diverso che è in marcia.

Georg Wilhelm Friedrich Hegel

Comprendere l'affermarsi della moneta, nonché l'emergenza di altri fenomeni che concorreranno al definirsi del pensiero filosofico, quali – come vedremo tra poco – il processo di laicizzazione dell'utilizzo del pensiero stesso, il passaggio da una forma di comunicazione orale all'uso della scrittura alfabetica, nonché il conseguente mutamento dell'ordine di pensiero implicato in tale cambiamento, richiede il riferimento e la comprensione del quadro di evoluzione e trasformazione dei rapporti sociali e politici all'interno delle *poleis* greche e di alcune in particolare: è, infatti, uno spazio economico-politico-sociale di crisi, che si risolverà nella riorganizzazione della sfera produttiva centrata attorno alla cesura tra lavoro intellettuale e lavoro manuale, che porterà con sé, nel medio periodo, una conseguente svalutazione del lavoro in generale e che diverrà costitutiva di una certa mentalità di fondo del mondo greco classico, lo spazio di emergenza del pensiero filosofico.

Sohn-Rethel ha sostenuto, in tal senso, che tale divisione sarebbe da interpretare quale effetto dell'affermarsi della sintesi sociale fondata sullo scambio:

Solo nella forma riflessa lo scambio ha carattere di circolazione privata in cui le merci sono proprietà individuale calcolata privatamente; solo in questa determinatezza esso diventa la forma relazionale interna alla società. Di qui si comprende come tutta l'analisi formale dell'astrazione-merce e dell'astrazione-scambio [...] è valida esclusivamente per la circolazione delle merci in forma riflessa, poiché considera lo scambio delle merci come modo di socializzazione e della sintesi sociale risultante dall'appropriazione. Questa è una falsa sintesi, poiché la società perde il controllo sul processo vitale e la forza produttiva degli uomini (cioè la forza dell'autoproduzione umana) si scinde nell'unilaterale lavoro manuale degli sfruttati e nell'altrettanto unilaterale attività intellettuale che è inconsapevolmente al servizio dello sfruttamento.[38]

Tesi indubbiamente estrema e dibattuta; ma tesi che, nel suo estremismo, riecheggia tuttavia analoghe interpretazioni di altri testi, sia moderni che antichi.

Con il formarsi delle *poleis*, a conclusione del cosiddetto medioevo ellenico, la ritrovata autosufficienza alimentare delle città stesse, oltre alla conseguente crescita demografica, consentì, come noto, l'implementazione degli scambi che, a loro volta, determinarono nel medio periodo il formarsi di un potente ceto mercantile accanto a uno artigianale, con trasformazione tanto del modello produttivo che nei rapporti di forza tra proprietari dei mezzi di produzione e reali forze produttive. Come schematizzato da Domenico Musti, "gli antagonismi perciò saranno certo *anche* fra possidenti e non-possidenti (chi dispone di un *surplus* per lo scambio è nelle condizioni di ampliare il suo possesso terriero); ma non è questo l'unico rapporto sociale che viene interessato dall'incremento degli scambi: accanto ai rapporti di proprietà, restano infatti modificati anche i rapporti fra la forza-lavoro e i proprietari della forza-lavoro"[39].

Questi effetti di riorganizzazione sociale, prodotti dal suddetto surplus[40], furono descritti esemplarmente, in primo luogo, anche da Aristotele nel libro I della *Metafisica*, laddove cercava di argomentare l'origine sociale di un sapere di tipo disinteressato. Tali

---

[38] Alfred SOHN-RETHEL, *Geistige und körperliche Arbeit. Zur Theorie der gesellschaftlichen Synthesis*, op. cit., pp. 102-103.

[39] Domenico MUSTI, *L'economia in Grecia*, Laterza, Roma-Bari 1999³ (1ª ed. 1981), p. 41. Ricordiamo che gli studiosi sembrano escludere la presenza, anche durante l'età arcaica, della pratica di scambio del surplus attraverso il dono, descritta ad esempio da Marcel Mauss (si cfr. Marcel MAUSS, *Essai sur le don*, "Année sociologique", serie II, t. I (1923-24), tr. it. di Franco Zannino, *Saggio sul dono*, in ID., *Teoria generale della magia e altri saggi*, Einaudi, Torino 1991, pp. 155-292).

[40] "[…] i processi di accumulazione e il sorgere della moneta hanno già determinato l'ampliamento della classe dominante, e la sua organizzazione secondo un altro tipo di rapporti" (Domenico MUSTI, *L'economia in Grecia*, op. cit., p. 43). Sulla evoluzione delle *poleis* e della loro economia, come sfondo per intendere anche i rivolgimenti culturali, ancora preziosa la raccolta introduttiva di Mario VEGETTI (a cura di), *Polis e economia nella Grecia antica*, Zanichelli, Bologna 1975.

motivi venivano sintetizzati nella possibilità – manifestatasi per la prima volta in Egitto – dell'esistenza di un gruppo di uomini *liberi da occupazioni pratiche*:

> [...] quando già erano costituite tutte le arti di questo tipo [*quelle legate alle necessità della vita*, N.d.R.], si passò alla scoperta di quelle scienze che non sono dirette né al piacere né alle necessità della vita, e ciò avvenne dapprima in quei luoghi in cui gli uomini dapprima furono liberi da occupazioni pratiche. Per questo le arti matematiche si costituirono per la prima volta in Egitto: infatti, là era concessa questa libertà alla casta dei sacerdoti. (*Metafisica*, A 1, 981 b 20-25)[41]

Aristotele interpretava il sapere disinteressato come il prodotto di un surplus economico, che avrebbe determinato la possibilità di generare una decisa separazione tra la sfera pratico-manuale e la sfera propriamente intellettuale. Questa separazione si legherebbe inoltre, secondo la lettura datane dallo Stagirita, a una precisa distinzione gerarchica all'interno della società e della sua struttura economico-produttiva:

> Ed è per questo [*che la sapienza sia da intendere come il possedere le cause prime e i principi*, N.d.R.] che [...] chi ha esperienza è ritenuto più sapiente di chi possiede soltanto una qualunque conoscenza sensibile: chi ha l'arte [*ossia, chi ha una conoscenza universale*, N.d.R.] più di chi ha esperienza, *chi dirige più del manovale e le scienze teoretiche più delle pratiche.* (*Metafisica*, A 1, 981 b 30 – 982 a 2)[42]

A questa gerarchizzazione ne conseguirebbe una seconda: "Riteniamo anche che, tra le scienze, sia in maggior grado quella che è scelta per sé e al puro fine di sapere, rispetto a quella che è scelta in vista di benefici che da essa derivano" (*Metafisica*, A 2, 982 a 14-17)[43]. Non solo, pertanto, le scienze teoretiche sarebbero da considerarsi di grado maggiore delle pratiche, ma il criterio per la gerarchizzazione delle scienze stesse andrebbe individuato nella distanza che queste mostrano dalla loro spendibilità pratica, ossia dal loro rapporto col piano del lavoro in generale[44]. Circolarmente

---

[41] ARISTOTELE, *Metafisica*, tr. it. di Giovanni Reale, Bompiani, Milano 2000, p. 7.

[42] *Ibidem*, corsivo finale di chi scrive.

[43] *Ivi*, p. 9.

[44] Questo sapere di grado superiore si presenterebbe, inoltre, come un sapere *universale*, un sapere che deve vertere attorno ai *principi primi*: tale si presentava la *filosofia* appunto per Aristotele.

2. I mutamenti del contesto economico-sociale nell'antica Ellade.

l'argomentazione aristotelica ritornava sul medesimo concetto dopo aver posto nello *stupore*, nello *thaumázein*, l'origine del filosofare stesso:

> Cosicché, se gli uomini hanno filosofato per liberarsi dall'ignoranza, è evidente che ricercano il conoscere solo al fine di sapere e non per conseguire qualche utilità pratica. E il modo stesso in cui si sono svolti i fatti lo dimostra: quando già c'era pressoché tutto ciò che necessitava alla vita ed anche all'agiatezza ed al benessere, allora si incominciò a ricercare questa forma di conoscenza. È evidente, dunque, che noi non la ricerchiamo per nessun vantaggio che sia estraneo ad essa; e, anzi, è evidente che, come diciamo uomo libero colui che è fine a se stesso e non è asservito ad altri, così questa sola, tra tutte le altre scienze, la diciamo libera: essa sola, infatti, è fine a se stessa" (*Metafisica*, A 2, 982 b 19-28).[45]

L'emancipazione dal bisogno dell'uomo libero, ovvero non costretto dalla coercizione del lavoro, divenne per Aristotele il criterio di valutazione delle differenti forme di conoscenza. Il guadagno di tale indipendenza dal bisogno e dalla fatica del lavoro rese possibile l'attività ritenuta più libera, e perciò più degna, dell'essere umano. Piano economico e piano sociologico si intersecavano a determinare una prospettiva antropologica di gerarchizzazione degli individui secondo valori economico-produttivi chiaramente definibili.

Un'inaspettata assonanza alla ricostruzione offerta da Aristotele credo sia possibile ritrovarla in una tarda opera di Friedrich Engels, *L'origine della famiglia, della proprietà privata e dello Stato*[46]. Parliamo evidentemente di un'opera per molti punti superata – anche perché basata sulle analisi di Lewis Henry Morgan (1818-1881) sull'evoluzione dell'istituto familiare, studi sorpassati dallo stadio delle ricerche attuali in materia –, ma che, per quanto di nostra pertinenza, ossia circa l'interpretazione offerta di alcune tappe del mutamento della società greca, si rivela ancora di un certo interesse.

---

[45] ARISTOTELE, *Metafisica*, op. cit., pp. 11-13. Ritorneremo sul ruolo del *thaumázein* nell'origine del pensiero filosofico in un successivo capitolo.

[46] Friedrich ENGELS, *Der Ursprung der Familie, des Privateigentums und des Staats*, Zürich 1884, tr. it. (condotta però sulla 4ª ed. tedesca, Stüttgart 1891) di Dante Della Terra, *L'origine della famiglia, della proprietà privata e dello Stato*, Editori Riuniti, Roma 1972⁴ (1ª ed. 1963).

2. I mutamenti del contesto economico-sociale nell'antica Ellade.

In particolare, in poche, ma significative pagine, Engels sottolineava gli effetti dell'introduzione della moneta e del potenziamento degli scambi sull'organizzazione dell'originaria comunità tribale (ateniese in particolare). Riporto quasi per esteso il passo in questione, perché raramente conosciuto e commentato (a differenza della *Metafisica* di Aristotele):

[…] l'economia monetaria, che andava sviluppandosi, penetrò come un acido corrosivo nel modo di esistenza tradizionale delle comunità rurali fondato su un'economia naturale. […]. Là il modo di produrre il necessario per la vita, modo che di anno in anno rimaneva inalterato, non poteva mai dare origine a conflitti, quali quelli imposti dal di fuori, né alcun antagonismo tra ricchi e poveri, sfruttatori e sfruttati. […]. Il possesso privato di armenti e di oggetti di lusso che andava affermandosi portò allo scambio tra individui e alla trasformazione dei prodotti in *merci*. […]. Gli Ateniesi dovettero sperimentare quanto rapidamente, dopo il sorgere dello scambio tra individui e con la trasformazione dei prodotti in merci, il prodotto faccia sentire il suo dominio sul produttore. Con la produzione delle merci venne la coltivazione della terra da parte di individui per proprio conto, e conseguentemente la proprietà fondiaria individuale. Più tardi venne il danaro, la merce universale, con la quale tutte le altre erano scambiabili. Ma, inventando il danaro, gli uomini non pensavano di creare, con ciò, una nuova potenza sociale, la sola potenza universale davanti alla quale tutta la società doveva inchinarsi. […]. La divisione del lavoro tra i diversi rami di produzione, agricoltura, artigianato, innumerevoli sottospecie dell'artigianato, commercio, navigazione, ecc., si era sviluppata con i progressi dell'industria e dello scambio in maniera sempre più completa. La popolazione si divideva ora secondo le sue occupazioni in gruppi abbastanza saldi […].[47]

L'ultima tappa di questa evoluzione è esposta alcune pagine oltre:

Il commercio, l'artigianato e l'artigianato artistico, esercitato sempre su più larga scala mediante il lavoro degli schiavi diventarono i rami di produzione dominanti. […] Si sfruttarono prevalentemente gli schiavi e la clientela non ateniese. Il possesso mobiliare, la ricchezza in danaro, in schiavi e navi, crebbe sempre più, ma non fu più ora semplice mezzo per l'acquisto di possesso fondiario, come nei primi tempi dal limitato orizzonte, bensì divenne fine a se stesso.[48]

Se è vero che, con la costituzione soloniana del 594 a.C., la proprietà privata divenne il discrimine per commisurare i diritti e i

---

[47] *Ivi*, pp. 139-141.
[48] *Ivi*, pp. 144-145.

doveri dei cittadini ateniesi e che, di conseguenza, le lotte politiche successive furono volte verso l'apertura degli uffici pubblici a ogni cittadino (a partire dalla nuova costituzione di Clistene, 509 a.C.), l'orizzonte di queste lotte si stagliava entro un ambito che vedeva come loro immutabile fondamento la *divisione* tra *lavoro manuale* (esercitato da un numero sempre crescente di popolazione asservita) e la *sua direzione*. La ricostruzione di Aristotele, nonché quella di Engels, ci consegnano una società greca, e in particolare quella ateniese, nella quale il lavoro, anche libero, era condannato dai valori che erano divenuti dominanti a seguito di quella evoluzione sociale appena descritta[49].

Una differenza rilevante è riscontrabile, tuttavia, tra i due ultimi scritti analizzati: mentre Aristotele pensava al pensiero filosofico quale un fenomeno emerso in un processo di *continuità*, di stadi di sviluppo che liberarono progressivamente l'uomo dalla necessità per consegnarlo a un orizzonte autonomo e autosufficiente, Engels faceva riecheggiare quelle cesure e rotture sociali di cui la stessa filosofia sarebbe figlia e che, successivamente, sono state inquadrate in modo puntuale da Benjamin Farrington[50]. La filosofia emerse come sapere *diverso* rispetto a quello elaborato dalla cosiddetta scuola di Mileto e non come sua continuazione: non ne fu la continuazione evolutiva perché, mentre la riflessione dei milesi nacque dalla "[…] applicazione di idee derivate dalla tecnica della produzione all'interpretazione dei fenomeni dell'universo"[51], il pensiero metafisico platonico-aristotelico si originò proprio da quella rottura sociale che produsse la *separazione* tra lavoro *intellettuale* e lavoro *manuale*, e che Aristotele raffigurò nel suo primo libro della *Metafisica* come articolazione naturale del sapere umano. A un sapere pratico, nel senso che "il loro [*dei Milesi*, N.d.R.] criterio di

---

[49] Sulla denigrazione del lavoro libero da parte del cittadino ateniese si cfr. anche *ivi*, pp. 146-147.

[50] Benjamin FARRINGTON, *Head and Hand in Ancient Greece*, C.A. Watts & Co., London 1947, tr. it. di Anna Omodeo, *Lavoro intellettuale e lavoro manuale nell'antica Grecia*, in ID., *Scienza e politica nel mondo antico - Lavoro intellettuale e lavoro manuale nell'antica Grecia*, Feltrinelli, Milano 1981³ (1ª ed. 1976), pp. 157-249 (in part. pp. 157-182).

[51] *Ivi*, p. 163.

verità era la pratica coronata da successo"[52], che aveva innalzato (nel corso del V sec. a.C.) a metodo di analisi della natura e dei suoi fenomeni quel modello di conoscenza insito nella tecnica[53], venne a sostituirsi un altro modello di sapere che nacque proprio dal *divorzio*, determinatosi a livello sociale, tra mano e intelletto, tra *téchne* e *sophia*.

Tesi forte, come detto già inizialmente, ma corroborata per certi versi anche dalle successive analisi di Jean-Pierre Vernant e Pierre Vidal-Naquet[54]. L'unità della *polis* servì a garantire l'articolarsi della complementarietà reciproca delle attività dei loro membri, determinata dalla progressiva divisione e articolazione del lavoro[55]. Riconoscere però questo elemento, proprio della riflessione politica del pensiero greco classico, significava al contempo riconoscere come "[…] les activités de métier, limitées à l'économique, sont extérieures à la société politique"[56], ossia ricondurre al piano politico la dimensione essenziale della esperienza umana, con conseguente squalifica per il livello economico-produttivo, pratico. La dimensione del bisogno risultava, inoltre, ancor più squalificante se ricondotta, per il suo soddisfacimento, all'utilizzo di una tecnica che, piuttosto che conformarsi alla natura, all'ordine naturale, si sottraeva a esso, lo mutava, lo plasmava. Una gerarchizzazione dei cittadini appariva sullo sfondo di questa lettura delle attività umane,

---

[52] *Ivi*, p. 164.

[53] "Ogni esperienza pratica umana acquistò un duplice carattere, poiché, mentre continuò ad essere un metodo tradizionale per raggiungere un delimitato fine pratico, nel tempo stesso divenne una spiegazione della vera natura dei fenomeni cosmici. I processi che gli uomini controllavano sulla terra, divennero la chiave per comprendere l'intera attività dell'universo" (*ivi*, p. 165). Si cfr. anche p. 171.

[54] In particolare nel loro Jean-Pierre VERNANT - Pierre VIDAL-NAQUET, *Travail & esclavage en Grece ancienne*, Editions Complexe, Bruxelles 1988 (ma 1ª ed. Editions La Découverte, Paris 1985).

[55] Occorre rimarcare, in tal senso, anche l'incidenza che l'attestarsi delle istituzioni tanto giuridiche che politiche hanno giocato nel puntuale definirsi di quelle tecniche argomentative che hanno accompagnato l'emergenza di un pensiero logico-dialettico (*lógos*), e che analizzeremo compiutamente nelle pagine successive.

[56] Jean-Pierre VERNANT - Pierre VIDAL-NAQUET, *Travail & esclavage en Grece ancienne*, op. cit., p. 16.

rispecchiante quella precedentemente analizzata nel pensiero aristotelico. Ed è proprio tale ordine politico, sociale ed economico che, portando il lavoro intellettuale a separarsi da quello materiale e che sarà per altro sempre più appannaggio del diffondersi della manodopera servile[57], condurrà dapprima alla condanna della tecnica e del lavoro nell'età classica e, quindi, a quella rimozione di un "pensée technique véritable"[58], sperimentale, che impedirà – secondo i due autori – lo sviluppo in Grecia anche di una adeguata tecnologia.

Ricapitolando le analisi fin qui condotte, possiamo dire che la filosofia sembrerebbe essere emersa, nel suddetto ambito socio-economico, come un peculiare ordine di discorso contrastante quella *tecnicizzazione* del pensiero nonché della stessa parola che, come vedremo il movimento sofista era andato realizzando proprio a coronamento di quel processo di democraticizzazione della *polis* ateniese che, lo si è visto, rappresentava l'unico luogo possibile di coesione sociale, nella sua crescente articolazione e differenziazione economico-produttiva. Da un lato, come analizzeremo nelle pagine seguenti, il sedimentarsi e l'istituzionalizzarsi delle pratiche politiche e giuridiche, delle loro procedure – anche veritative, ossia di giustificazione delle tesi asserite dai contendenti –, contribuì al definirsi di un sempre più puntuale modello di razionalità argomentativa (il *lógos*, appunto); dall'altro correva il rischio di ridurre tale pratica di pensiero a una *tecnica*, a una *téchne*[59]. La filosofia, pur tendendo a riproporre un modello di sapere di ordine diverso[60] (configurandosi quasi, per lo stesso Platone, come un

---

[57] *Ivi*, pp. 62, 64-65.

[58] *Ivi*, p. 57.

[59] Intendendo per dialettica l'"[…] arte della discussione reale, tra due o più persone viventi, non escogitate da un'invenzione letteraria" (Giorgio COLLI, *La nascita della filosofia*, Adelphi, Milano 1988[8] (1ª ed. 1975), p. 73), risulterà chiaro nelle pagine seguenti perché Colli abbia inteso l'origine e l'affermarsi della dialettica stessa quale momento di passaggio da un pensiero sapienziale a un pensiero di ordine razionale (la *filosofia*, appunto). La dialettica si legherebbe, per quanto diremo a breve, al carattere agonale da un lato e all'emergenza di una formalizzazione astratta del pensiero dall'altra, sollecitata da un nuovo contesto economico-sociale e politico.

[60] Scrive a riguardo ancora Colli: "Amore della sapienza non significava infatti, per Platone, aspirazione a qualcosa di mai raggiunto, bensì tendenza a recuperare quello che già era stato realizzato e vissuto" (*ivi*, pp. 13-14).

fenomeno di decadenza rispetto all'età dei sapienti), si sarebbe proposto quale quell'ordine veritativo che nasceva dalla cesura che le dinamiche socio-economiche e politiche, appena descritte, avevano prodotto all'interno della *polis* (e ricordiamo, secondo la nota lezione di Foucault, l'intrinseco legame che sempre lega ordine di potere, ordine del discorso e ordine della verità). Pur come mossa attuata dallo stesso Platone, il primo autore pienamente consapevole di tale decadenza, quale tentativo di una sua restaurazione, essa poté istituirsi paradossalmente solamente su altri presupposti logici, quali quelli resi disponibili dall'emergenza di un uso tecnico della parola (la *dialettica* come arte della discussione), stabilendosi inevitabilmente e costitutivamente, in tal senso, come ordine discorsivo *laico*, dominato da un *uso critico* della ragione *umana*. Ecco spiegabile, allora, il senso dell'analisi di Jean-François Lyotard, secondo il quale la filosofia sarebbe nata da una crisi di *senso*[61]. La filosofia sorse, con Platone, connessa alla crisi della polis greca di Atene e della sua cultura, letta evidentemente in una certa ottica aristocratica[62]. Fu la fine dell'età dei sapienti, ma la visione iperuranica di Platone ne avrebbe dovuto essere, per certi versi, la compiuta rappresentazione nostalgica[63]: "[…] la genesi del pensiero

---

[61] Jean-François LYOTARD, *Pourquoi philosopher?*, P.U.F., Paris 2012; tr. it. di Rosella Prezzo, *Perché la filosofia è necessaria*, Raffaello Cortina Editore, Milano 2013.

[62] Detto in sintesi e con le parole di John Dewey: "La stabile divisione pratico-sociale fra lavoratori e non-cittadini che erano allo stato servile, e i membri della classe agiata che erano cittadini liberi, si convertiva mediante la formulazione filosofica in una divisione fra pratica e teoria, fra esperienza e ragione. La conoscenza e l'attività strettamente scientifico-filosofica finivano con l'esser considerate altrettanto sovra-sociali quanto sovra-empiriche. Esse univano coloro che le esercitavano al divino e li tagliava fuori dai loro simili" (John DEWEY, *Logic, the Theory of Inquiry*, Henry Hold & Co., New York 1939; tr. it. di Aldo Visalberghi, *Logica, teoria dell'indagine*, Einaudi, Torino 1949, p. 119).

[63] La stessa figura di Socrate, elaborata da Platone, sarebbe interpretabile come un prodotto funzionale alla esposizione del proprio pensiero. Se questo è acquisibile come vero, allora, per quanto diremo in seguito, le critiche di Nietzsche rivolte a Socrate andrebbero ascritte a Platone, come a colui che ha realizzato pienamente il programma socratico di una realtà *dietro* la nostra realtà, superiore e vera: di quella *metafisica*, che avrebbe

2. I mutamenti del contesto economico-sociale nell'antica Ellade.

discorsivo verso la sua piena autonomia concettuale si estende da Talete ad Aristotele, lungo l'arco di tre secoli, e si compie quando il fondamento dell'esistenza della *polis* diventa problematico e la *polis* stessa comincia a disgregarsi"[64].

La filosofia, pertanto, non può che leggersi come prodotto della classe agiata[65].

---

costituito – secondo la lettura di Nietzsche – appunto il tratto deteriore di tutta la riflessione filosofica occidentale.

[64] Alfred SOHN-RETHEL, *Geistige und körperliche Arbeit. Zur Theorie der gesellschaftlichen Synthesis*, op. cit., p. 103.

[65] Se la filosofia nasce originariamente come espressione culturale della classe agiata sarebbe interessante e doveroso riflettere seriamente sulla necessità di un suo oltrepassamento prospettata da Marx nella notissima undicesima *Tesi su Feuerbach*, nonché sulle forme della sua fine, forse segnate già in questo inizio: la scienza marxiana (Althusser), il prospettivismo dell'Oltreuomo nicciano, l'archeo-genealogia di Foucault, la filosofia del linguaggio, per citarne solamente le più note.

3. Origine e senso del mito e della mitologia.

[...] l'opinione personale è priva di valore in un tale contesto, e non vi è alcun desiderio di sapere ciò che l'individuo potrebbe acquisire con una sua ricerca personale.

Tzetan Todorov

L'allontanamento della ragione umana dalla sfera di ogni trascendenza, che vedremo costituirà un passaggio decisivo nel processo di emergenza della filosofia, può essere rappresentabile come passaggio dal mito alla filosofia stessa, nonché quale passaggio dall'oralità alla scrittura, in particolare quella alfabetica[66].

Soffermiamoci anzitutto a delineare origine e senso del mito e della mitologia.

Possiamo definire la cultura *sapienziale* come una cultura pre-filosofica. La sociologia tende, viceversa, a individuare con il termine *protofilosofia* la riflessione di quei popoli che si esprime nella forma del *mito*[67]. Anche il mito può essere inteso come una *prima forma di organizzazione coerente del pensiero simbolico umano*, sebbene con caratteri molto particolari e distanti dal nostro pensiero astratto: il mito è un modo dell'esistere dell'umano[68] e al

---

[66] Una esemplificazione molto chiara e puntuale, nella sua sinteticità, delle tappe e delle difficoltà di questo passaggio è offerta dal secondo capitolo di Eric A. HAVELOCK, *The Preplatonic Thinkers of Greece. A Revisionist History*, op.cit., pp. 23-40. Sull'essenzialità della scrittura per il passaggio al pensiero filosofico si è soffermato anche Edgar Morin: "La comparsa e la diffusione della scrittura in queste civiltà [*le civiltà storiche*, n.d.r.], conferiranno al pensiero un supporto e un veicolo che consentiranno comunicazioni e confronti e apporteranno possibilità d'astrazione, correzione e meditazione sui testi. Saranno queste le condizioni propizie allo sbocciare del pensiero filosofico" (Edgar MORIN, *L'emergere del pensiero*, op. cit., pp. 202-203).

[67] Occorre preliminarmente osservare che nella modernità e nella contemporaneità la parola "mito" ha assunto una notevole varietà d'accezioni, per cui la sua definizione univoca risulta assai difficile. Quello che si cercherà di fare è istituire un percorso, sostenuto storiograficamente e antropologicamente, che consenta una prima prensione della valenza che il *mythós* venne a giocare nell'alveo della cultura greca, soprattutto arcaica.

[68] Si cfr. Károly KERÉNYI, *Origine e fondazione nella mitologia*, introduzione a Carl G. JUNG - Károly KERÉNYI, *Einfürung in das Wesen der*

3. Origine e senso del mito e della mitologia.

tempo stesso qualcosa di superindividuale, peraltro con caratteristiche complesse e multiformi, difficilmente racchiudibili in una visione unitaria e coerente. Cercheremo, quindi, di individuare alcuni di questi tratti, ritenuti sulla scorta della letteratura in materia, come detto, maggiormente probanti, e riferendoci in particolar modo al pensiero greco.

Come sottolineato da Edgar Morin, in primo luogo, "[...] quelle società dette primitive hanno una grandissima razionalità, effettivamente diffusa in tutte le loro pratiche, nella loro conoscenza del mondo, diffusa e mescolata con qualcosa d'altro che è la magia, la religione, la credenza negli spiriti ecc."[69]. I miti appaiono dunque, innanzitutto, come delle strutture di senso, socialmente condivise: sono simboli della vita pratica che danno espressione e appunto senso alle forme di vita, anche in termini regolativi[70]. In tal senso, da un più generale punto di vista etologico, le ritualizzazioni appaiono come comportamenti intraspecifici: "un comportamento diviene ritualizzato quando, per trasformazione evolutiva, assume un significato particolare, all'interno del sistema di segnali che una determinata specie animale utilizza per comunicare. Un atto motorio anche comune [...] viene ripetuto in forma stereotipata – cioè eccessiva per frequenza o durata – e diviene un segnale"[71].

Analizzandolo ulteriormente, emerge la frequente, ma non esclusiva, connessione che il mito intesse con il *rito*, sia come derivato e fondato da esso (in molti casi), sia come racconto

---

Mythologie, Pantheon Akademische Verlagsanstalt, Amsterdam-Leipzig 1942; tr. it. di Angelo Brelich, *Prolegomeni allo studio scientifico della mitologia*, Boringhieri, Torino 1972, pp. 11-43.

[69] Edgar MORIN, *Introduction à la pensée complexe*, Seuil, Paris 1990; tr. it. di Monica Corbani, *Introduzione al pensiero complesso*, Sperling & Kupfer, Milano 1993, p. 71.

[70] Ancora validissimo, quale introduzione al mito e alla storia delle sue interpretazioni, il volume di Furio JESI, *Mito*, ISEDI, Milano 1973. Si cfr. anche Geoffrey S. KIRK, *Myth: Its Meaning and Function in Ancient and other Cultures*, University of California Press, Berkeley 1970; tr. it. di Barbara Fiore, *Il Mito. Significato e funzioni nella cultura antica e nelle culture altre*, Liguori, Napoli 1980.

[71] Enrico ALLEVA, *Il tacchino termostatico. Un etologo e i suoi animali*, Edizioni Theoria, Roma-Napoli 1990, p. 33.

precedente il rito stesso e utilizzato da quest'ultimo come elemento fondante (in altri casi)[72]. *Mythós* in greco vuol dire, infatti, *parola* e, per traslato, *racconto*. Siamo di fronte, nello specifico greco, a una tipologia di racconto peculiare e non tanto per i contenuti, bensì per l'esemplarità di cui questi racconti si fanno portatori.

Essendo, infatti, la struttura temporale della mentalità arcaica, come noto, ciclica, la realtà terrena risulterebbe originata attraverso un processo di creazione o emanazione attuato da entità e forze sovraumane[73], che anche successivamente continuerebbero ad albergare e regolare l'organizzazione del cosmo[74]. Detto altrimenti: nello specifico culturale greco arcaico, è indubitabile la presenza di un legame del mito con l'idea che gli dei determinino gli eventi umani[75]. Questo intervento costante e ininterrotto di fondazione, regolazione e ordinamento del cosmo sarebbe inoltre intuibile, sempre per la mentalità arcaica, in riferimento, come detto, alla temporalità ciclica che presiedeva il disporsi di ogni evento naturale, nel suo ritornare e perpetuarsi, che avrebbe offerto uno schema di

---

[72] Sintetizza Klaus Eder: "Inscenare *rituali* in cui l'ordine istituzionale stesso si rappresenta e si riproduce è la forma elementare della conferma sociale delle componenti di sapere condivise collettivamente" (Klaus EDER, *voce "Istituzione"*, op.cit., p. 153). Occorre rilevare, comunque, come la dimensione rituale si presenti associata, in diverse culture, anche ad altri aspetti della vita sociale, diversi dal mito. Sulle origini della ritualità con le primitive pratiche della inumazione si cfr., introduttivamente, Fabio MARTINI, *Archeologia del Paleolitico. Storia e cultura dei popoli cacciatori-raccoglitori*, op. cit., pp. 161-173.

[73] Ivi compresi gli eroi.

[74] Secondo Lucien Lévy-Bruhl la partecipazione mistica, l'indistinzione cioè tra mondo reale e mondo immaginario, onirico, sovrannaturale sarebbe l'origine stessa del mito, in quel pensiero che lui stesso definisce come prelogico. Si cfr. almeno Lucien LÉVY-BRUHL, *La mentalité primitive*, P.U.F., Paris 1922; tr. it. di Carlo Cignetti, *La mentalità primitiva*, Einaudi, Torino 1966.

[75] "La mitologia si occupa dell'origine, delle origini, quale fondamento di ogni esistente presente e futuro" (Károly KERÉNYI, *Hermes der Seelenfürher. Das Mytologem vom männlichen Lebensursprung*, "Eranos-Jahrbuch 1942", Rhein Verlag, Zürich 1943; tr. it. di Angelo Brelich, *Hermes, la guida delle anime: il mitologema delle origini maschili della vita*, in ID., *Miti e misteri*, Bollati Boringhieri 1979, p. 71).

inquadramento degli accadimenti attorno al quale sarebbe emersa quella che è stata chiamata, per analogia con forme di riflessione successive, *ontologia arcaica*[76].

Questa ontologia, formulata attraverso simboli, miti e riti, sarebbe stata tesa a trasporre la temporalità storica, lineare e concreta della quotidianità, in un piano temporale diverso, quello appunto della ripetizione, dell'*eterno ritorno dell'uguale*. Come evidenziato anche dalla etnologia, gli accadimenti della vita umana verrebbero a essere leggibili, in tale prospettiva, come il costante ripresentarsi di archetipi aventi la loro origine in episodi mitici, occorsi in un tempo originario o *pre-tempo*, e ai quali sarebbe opportuno rinviarli per dare loro una logica e un senso:

> Prima di agire, l'uomo antico avrebbe fatto sempre un passo indietro […]. Egli avrebbe cercato nel passato un modello in cui immergersi […], per affrontare così protetto e in pari tempo trasfigurato, il problema del presente. La sua vita ritrovava in questo modo la propria espressione e il proprio senso. La mitologia del suo popolo non soltanto era per lui convincente, aveva cioè senso, ma era anche chiarificatrice, vale a dire dava senso.[77]

Rapportarsi efficacemente alla realtà significava, di conseguenza, stabilire un rapporto idoneo con quegli eventi originari e riattivarli costantemente, ripeterli. In virtù della *ripetizione* e della *partecipazione* a un modello esemplare, un oggetto o un atto acquisiva *realtà*. La consistenza ontologica della realtà umana, in

---

[76] Sulla ontologia del pensiero primitivo, implicita nella concezione ciclica della temporalità si cfr. il testo oramai classico di Mircea ELIADE, *Le Mythe de l'Éterne Retour. Archétipes et répétition*, Gallimard, Paris 1949; tr. it. di Giovanni Cantoni, *Il mito dell'eterno ritorno*, Borla, Bologna 1968. Sul mito come prodotto di un'attività simbolica capace di produrre schemi di inquadramento della realtà antecedenti ai concetti ha, invece, insistito Cassirer in Ernst CASSIRER, *An Essay on Man. An Introduction to a Philosophy of Human Culture*, Yale University Press, New Haven 1944; tr. it. di Carlo D'Altavilla, rivista da Marcello Ghilardi, *Saggio sull'uomo*, Mimesis Edizioni, Milano – Udine 2011, pp. 105-150.

[77] Károly KERÉNYI, *Origine e fondazione nella mitologia*, op. cit., p. 18. Per una lettura etnologica in questo senso del mito i primi rimandi, anche da un punto di vista cronologico, sono i lavori di Bronisław MALINOWSKI, *Myth in Primitive Psychology*, Norton, London 1926, nonché di Konrad Theodor PREUSS, *Die religiöse Gehalt der Mythem*, Mohr, Tübingen 1933.

termini sia di valore che di senso, veniva posta, pertanto, in una relazione di dipendenza da un piano extrastorico superiore, al quale sarebbero da associare i miti e i riti a questi connessi. I riti avrebbero consentito, in questo quadro interpretativo, la riattualizzazione dei modelli di accadimento archetipi, permettendo agli uomini di riappropriarsene e di inserirsi armoniosamente nel ripetersi del cosmo, con una conseguente rigenerazione periodica tanto del cosmo quanto della stessa comunità umana: il singolo evento diveniva epifania della verità cosmologica del *mythós* in quanto *mito di fondazione*[78].

Secondo Norbert Elias tale formalizzazione e ritualizzazione dei rapporti tra uomini e spiriti, tra piano divino e piano umano, sarebbero inoltre tesi a contenere proprio l'insicurezza e il pericolo: quanto maggiore è il livello di insicurezza e pericolo percepito, tanto maggiore diventa l'osservanza scrupolosa dei rituali[79]. Espresso in

---

[78] "I riti si possono concepire come *processi corporei codificati simbolicamente*, che producono realtà sociali, le interpretano, le mantengono e le modificano. Si svolgono nello spazio, vengono condotti da gruppi e sono determinati normativamente. Sono composti di elementi standardizzati e rendono possibili derivazioni da essi. [...]. Attraverso le azioni e i comportamenti rituali vengono inscritte nei corpi le norme sociali. Insieme a questi processi di inscrizione sono incorporati anche i rapporti di potere. [...]. I riti si possono concepire come *rappresentazioni simboliche*" (Christoph WULF, voce *Rito* in Christoph WULF (hsrg.), *Von Menschen. Handbuch Historische Antropologie*, op. cit., p. 1054). Un esempio di questa modellizzazione della realtà era ancora presente nel poema esiodeo *Le opere e i giorni*, senz'altro debitore di tali presupposti. Il lavoro dell'uomo, per avere successo, anzi per svolgersi secondo giustizia (*dike*), doveva armoniosamente inserirsi in questa ciclicità (vv. 230-231, 306-307 e 458-464). Essere giusti significava inserirsi nella ripetizione. Su questi ultimi aspetti mi permetto di rinviare al mio *La problematizzazione della sessualità nelle opere di Esiodo*, "Atene e Roma", a. 44 n. s. (1999), nn. 3-4, pp. 121-129 (ora in Sergio DAGRADI, *Il Vuoto e la Carne: il pensiero filosofico e la problematizzazione della sessualità*, Bonomi Editore, Pavia 2002, pp. 11-18). Per una prima discussione sulle interpretazioni del ruolo di Esiodo nel passaggio dal pensiero mitico al pensiero razionale si cfr. Geoffrey S. KIRK, *Myth: Its Meaning and Function in Ancient and other Cultures*, op. cit., pp. 250-263.

[79] Norbert ELIAS, *Über die Zeit. Arbeiten zur Wissenssoziologie II*, Suhrkamp, Frankfurt a.M. 1984; tr. it. di Antonio Roversi, *Saggio sul*

altri termini, "[...] possiamo leggere il *rito* come un accumulo di memoria motoria, dove determinate prestazioni corporee, rigorosamente eseguite, costituiscono la base "propizia" per azioni future, a partire dal successo delle azioni precedenti che il rito rievoca e consolida"[80].

Il racconto, in quanto *mito*, sarebbe pertanto da leggersi – come detto – quale fenomeno frequentemente connesso al *rito*, ovvero a quella dimensione esperienziale sostanzialmente sacra, che abbiamo appena tratteggiato[81]. Nel rito gesti che – proprio perché, come detto, pensati come originari e quindi attuati dalla stessa divinità o da figure eccezionali, appunto all'origine del mondo – venivano ritenuti da sempre efficaci, dovevano essere riattivati per confermare il senso

---

tempo, Il Mulino, Bologna 1986, pp. 34-35. Ricorda anche Luigi Anolli come "ogni cultura organizza il flusso degli eventi e dei comportamenti secondo script più o meno ritualizzati che attribuiscono un valore predittivo e normativo alla successione delle interazioni" (Luigi ANOLLI, *Presentazione* a Michael TOMASELLO, *The cultural origins of human cognition*, op. cit., p. 8). Sull'istituzione di regolarità come tentativo di contenimento dal pericolo del divenire e dalla minaccia della casualità si cfr. anche Emanuele SEVERINO, *Legge e caso*, Adelphi, Milano 2002[5] (1[a] ed. 1979), nonché l'interpretazione specificatamente rivolta al mito in generale, e che vedeva il mito stesso quale ossessiva attività ripetitiva tese a placare il rischio d'ansia nella sfera concettuale ed emozionale umana, offerta da Clyde KLUCKHOHN, *Myths and rituals: a general theory*, "Harvard Theological Review", a. 35 (1942), pp. 45-79.

[80] Umberto GALIMBERTI, *Psiche e techne. L'uomo nell'età della tecnica*, Feltrinelli, Milano 2018[10] (1[a] ed. 2002; ma in altra collana 1999) p .192. "Nella loro ripetitività essi [*i riti*, N.d.R.] coprono la crisi a cui la motricità va incontro in ogni interruzione della sua fluidità, che si arresta ogni volta che il mondo sorge come enigma" (*ibidem*).

[81] L'ipotesi di una simbolizzazione in forze sovrannaturali delle componenti del racconto mitico era, come noto, al centro della ricostruzione offerta da James Frazer nel suo *Ramo d'oro* (si cfr. l'edizione ridotta dell'opera, James FRAZER, *The Golden Bough. A Study in Magic and Religion*, Macmillan, London 1922; tr. it. di Lauro de Bosis, *Il ramo d'oro. Studio sulla magia e la religione*, Bollati Boringhieri, Torino 2012). Interessanti spunti per l'approccio all'opera in Ludwig WITTGENSTEIN, *Bemerkungen über Frazers "The Golden Bough"*, "Synthese", vol. 17 (1967), n. 1, pp. 233-253; tr. it. di Sabina de Waal, *Note sul "Ramo d'oro" di Frazer*, Adelphi, Milano 2013[9] (1[a] ed. 1975).

3. Origine e senso del mito e della mitologia.

del cosmo, e i racconti esposti dai miti si proponevano, pertanto, nelle culture orali delle origini, come veicolo di trasmissione di tali modelli rituali di interpretazione e manipolazione dei fenomeni reali. Riprodurre, attraverso la narrazione orale e il rito, un mito significava, dunque, ripetere l'azione che si era dimostrata in un tempo immemore in qualche modo efficace; significava ripetere una forma di conoscenza e controllo che, quella particolare azione (o parola) che il mito descriveva (o riproponeva), aveva avuto sulla realtà e che, come detto, stante la ripetizione della realtà secondo una concezione ciclica della temporalità, avrebbe continuato ad avere. Il mito, quale originaria forma di conoscenza, metteva in relazione un certo *ordine*, *immutabile* e *ciclico*, della realtà, con certe ritualità efficaci per l'interazione con questo stesso ordine: l'elemento unificatore sarebbe stato rappresentato da quella dimensione divina che veniva pensata come origine tanto della realtà e del suo ordine (a temporalità ciclica, come detto), quanto delle ritualità. La parola rituale riattivava e riattualizzava la forza originaria, divina della realtà, rendendo presente qualcosa di assente[82]. I fatti della mitologia

> [...] costituiscono il fondamento del mondo che riposa tutto su di loro. Essi sono le ἀρχαί alle quali ogni singola cosa, anche presa per se stessa, risale, per creare se stessa da esse, mentre esse rimangono vitali, inesauribili, insuperabili: in un primordiale tempo extratemporale, in un passato che, per mezzo di un continuo rinascere in ripetizioni, si dimostra eterno.[83]

---

[82] Occorre tener ben presente, inoltre, che "uno dei dogmi della logica mitopoietica è la mancanza di distinzione di similarità e identità: 'essere simile' equivale a 'essere'" (Theorkild JACOBSEN, *La Mesopotamia*, in *The Intellectual Adventure of Ancient Man. An Essay on Speculative Thought in the Ancient Near East*, The University of Chicago Press, Chicago 1946, tr. it. di Elémire Zolla, *La filosofia prima dei Greci. Concezioni del mondo in Mesopotamia, nell'antico Egitto e presso gli Ebrei*, Einaudi, Torino 1963, p. 233). Detto altrimenti: attraverso l'individuazione di tratti di somiglianza con i protagonisti di un mito, gli uomini che compivano e riattivavano un rito erano resi *ontologicamente identici* ai suoi protagonisti. L'identificazione con il dio comportava il ritorno del dio nel pieno della realtà quotidiana, il suo agire ordinatore in essa e nell'attualità del momento. Da qui l'efficacia dello stesso rito.

[83] Károly KERÉNYI, *Origine e fondazione nella mitologia*, op. cit., p. 21. Nell'ipotesi strutturalista, ad esempio di Claude Lévi-Strauss, nel mito sarebbe possibile individuare alcune costanti o modelli universali ai quali

3. Origine e senso del mito e della mitologia.

Seguendo le indicazioni di Paula Philippson, potremmo raffigurare il mito, schematicamente e riepilogativamente, come quell'elemento simbolico-culturale in grado di connettere efficacemente, anche tramite il rito, il piano dell'essere immutabile e quello della realtà mutevole[84].

---

ricondurre le narrazioni particolari di ogni cultura e il senso che vi assumono gli elementi costitutivi (*mitemi*) degli stessi, rivelandosi una modalità estremamente efficace di organizzazione e classificazione della realtà del cosiddetto "pensiero selvaggio" (sebben, è bene ricordarlo, la riflessione più tarda dello stesso Lévi-Strauss non assegni al mito alcun scopo direttamente pratico). Un utilizzo della parola rituale, regolamentata, e perciò stesso memorizzata per essere riattivata nella citazione, si ha anche – come ulteriore esempio della sua diffusione – nella cultura azteca. Come ricorda Todorov, "la funzione degli *huehuetlatolli* [discorsi di diversa lunghezza coprenti tutta la gamma delle situazioni sociali, *N.d.R.*] è quella propria di ogni parola in una società priva di scrittura: essi materializzano la memoria sociale, cioè l'insieme delle leggi, delle norme e dei valori che debbono essere trasmessi di generazione in generazione per garantire l'identità collettiva" (Tzetan TODOROV, *La conquête de l'Amerique. La questione de l'autre*, Éditions du Seuil, Paris 1982; tr. it. di Aldo Serafini, *La conquista dell'America. Il problema dell'"altro"*, Einaudi, Torino 2012 (ma in altra collana 1984), p. 97). L'analisi di Todorov (*ivi*, pp. 98-102) prosegue mostrando la presenza di una identica struttura mentale dovuta all'affidare la memoria alla parola orale e, quindi all'assenza della scrittura come ruolo di supporto. Questo determina un ancoraggio al passato dei racconti e una loro espressione di conoscenze che non prevedono variazioni individuali: "[…] l'opinione personale è priva di valore in un tale contesto, e non vi è alcun desiderio di sapere ciò che l'individuo potrebbe acquisire con una sua ricerca personale" (*ivi*, p. 101). A conferma, "la parola che, in nahuatl, designa la verità, *neltiliztli*, è legata etimologicamente a parole come "radice", "base", "fondamento"; la verità è strettamente legata alla stabilità" (*ivi*, p. 102). Troveremo riferimenti analoghi anche nella disamina della corrispondente parola greca per indicare il concetto di *verità*, ossia *áletheia*. Notiamo infine che, anche per le culture azteca e maya, l'orizzonte cronologico di riferimento non è a base lineare, bensì ciclica: "poiché il tempo si ripete, la conoscenza del passato conduce a quella del futuro; o meglio, si tratta della stessa cosa" (*ivi*, p. 103), poiché "[…] non può esistere un avvenimento del tutto inedito; la ripetizione prevale sulla differenza" (*ivi*, p. 105).

[84] Paula PHILIPPSON, *Untersuchungen über den griechischen Mythos – Thessalische Mythologie*, Rhein Verlag, Zürich 1944; tr. it. di Angelo

3. Origine e senso del mito e della mitologia.

Brelich, *Origini e forme del mito greco*, Boringhieri, Torino 1983. Una disamina di come il pensiero arcaico greco concepisse il sapere divino opposto a quello umano, nonché i loro rapporti, in Bruno SNELL, *Die Entdeckung des Geistes. Studien zur Entstehung des europäischen Denkens bei den Griechen*, Vandenhoech & Ruprecht, Göttingen 1946, tr. it. di Vera Degli Alberti - Anna Solmi Marietti, rivista da Marta Rosso, Luiss University Press, Roma 2021, pp. 183-203. Una sintesi, divulgativa, ma rigorosa, della mitologia greca è offerta dall'opera di Károly KERÉNYI, *Die Mythologie der Griechen*, Rhein Verlag, Zürich 1951-1958; tr. it. di Vanda Tedeschi, *Gli dei e gli eroi della Grecia*, 2 voll., Garzanti, Milano 1984 (ma 1ª ed. Il Saggiatore, Milano 1963). Il modello interpretativo del mito qui presentato risulta particolarmente visibile, per esempio, anche nelle *cosmogonie* elaborate ancora da tutte le culture e le prime civiltà storiche (egizi, sumeri, babilonesi, indiani ecc.), che risultano essere, propriamente, delle *teogonie*. Raffigurare la nascita delle differenti divinità che costituivano il proprio pantheon significava rievocare la nascita di quelle parti di universo che queste stesse divinità ancora governavano, costituendo il fondamento delle conseguenti pratiche di culto praticate. Potremmo forse leggere in queste dinamiche – delineate in modo certamente sommario – anche l'origine di quella che Giorgio Colli, riferendosi agli albori del pensiero filosofico greco, ha chiamato *frattura metafisica* tra due ordini di realtà diversi: quello divino, archetipo, eterno, immutabile; e quello umano, transeunte, instabile e dipendente dal primo, che ne costituirebbe l'origine. Si veda, in tal senso, Giorgio COLLI, *La nascita della filosofia*, op. cit.

3. Origine e senso del mito e della mitologia.

4. La laicizzazione del pensiero nel quadro di emergenza della filosofia greca.

Gli uomini si adoperano da sé per uscire a poco a poco dalla barbarie, purché non si ricorra ad artificiosi strumenti per mantenerli in essa.

Immanuel Kant

La ricostruzione offerta da Giorgio Colli attorno al delinearsi del pensiero dialettico da una progressiva *laicizzazione* del pensiero sapienziale, può essere assunta quale punto di partenza attorno a questo ulteriore fattore di emergenza del pensiero filosofico stesso[85].

Come noto, Colli declina l'origine della filosofia a partire dal carattere *agonale* che avrebbe caratterizzato il pensiero sapienziale greco. Come ampiamente illustrato nel capitolo precedente, arcaicamente il sapere sarebbe stato creduto di origine divina e comunicato agli uomini anzitutto mediante divinazioni; ma le parole pronunciate dalla divinità, attraverso alcune figure straordinarie, possedute dalla divinità stessa (gli oracoli, ad esempio), apparivano oscure agli uomini, quasi incomprensibili. Nasceva pertanto, in una sorta di sfida tra la divinità e l'uomo, la necessità di interpretare il messaggio rivelato, decodificandolo correttamente e cogliendone il senso.

Centrale appariva l'azione che Apollo, il dio greco della sapienza, esercitava sugli oracoli. La sua crudeltà sarebbe risieduta nell'accennare, più che indicare chiaramente, il contenuto di quella sapienza che, al contempo, sembrava benignamente offrire agli uomini, lanciando a questi ultimi appunto una sfida intrinsecamente mortale nelle conseguenze del mancato intendimento del messaggio.

---

[85] Per i riferimenti testuali: Giorgio COLLI, *La nascita della filosofia*, op. cit., nonché ID., *La sapienza greca*. Vol. I, *Dioniso – Apollo – Eleusi – Orfeo – Museo – Iperborei – Enigma*, Adelphi, Milano 1992[2] (1ª ed. 1990; ma in altra collana 1977). Sull'origine della filosofia come processo di laicizzazione della cultura ellenica si cfr. anche l'impostazione del volume di Jean-Pierre VERNANT, *Les origines de la pensee grecque*, P.U.F., Paris 1962, nonché Bruno SNELL, *Die Entdeckung des Geistes. Studien zur Entstehung des europäischen Denkens bei den Griechen*, op. cit., in part. pp. 227-241 e 331-348 (soprattutto per l'evoluzione e il passaggio, da un punto di vista del linguaggio, da un pensiero mitico a un pensiero astratto e logico).

Apollo, nel suo parlare obliquo e per bocca della Pizia, accennava più che indicare chiaramente il contenuto di quella stessa sapienza che sembrava parimenti offrire ai mortali[86].

In epoche successive la sfida, sempre mortale, si mantenne ancora tra la divinità e l'uomo, ma in un ambiente che appariva in via di progressiva laicizzazione: era, esemplarmente, la sfida che la Sfinge lanciava ai passanti dalle mura di Tebe. Anche in questo caso, l'uomo era portato a mettere in gioco tutto se stesso nel tentativo di interpretare correttamente le parole provenienti da una sfera altra, al punto da rischiare costantemente di morirne. Il racconto della soluzione data da Edipo all'enigma postogli mostra chiaramente tale pericolosità: per chi risultava sconfitto nella sfida poteva aprirsi solamente un destino di morte. Nello specifico – come noto – è la

---

[86] Su Apollo, quale dio crudele e tremendo, si cfr. anche Marcel DETIENNE, *Apollon le couteau à la main*, Gallimard, Paris 1998; tr. it. di Francesco Tissoni, *Apollo con il coltello in mano*, Adelphi, Milano 2002. Altro esempio di sfida lanciata da una divinità agli uomini risulterebbe essere – partendo sempre dall'interpretazione fornita da Colli – quella rappresentata dal labirinto, nel quale il Minotauro era stato rinchiuso. Figlio dell'amore di Pasifae con il toro sacro caro a Dioniso, il labirinto è la sfida che la razionalità (la costruzione di Dedalo) lancia alla bestialità, al contenimento del suo scatenamento, proprio appunto di Dioniso. Secondo una ricostruzione viceversa archetipa, il labirinto rappresenterebbe il confuso mondo matriarcale, l'accesso al quale può avvenire solamente per chi abbia riavuto una speciale iniziazione al mondo dell'inconscio collettivo. In tal senso, se l'inconscio collettivo fornirebbe una prima strutturazione formale al pensiero umano, confrontarsi con il labirinto, incanalare le forze come detto animali e imprigionarle nel labirinto stesso significherebbe la possibilità che i medesimi archetipi collettivi offrirebbero di gestire l'inconscio permettendo il progressivo emergere del conscio e del pensiero, anche individuale (su questi temi si cfr. anzitutto Erich NEUMANN, *The Origins and History of Consciousness*, Pantheon, New York 1954). È infine interessante notare come, ad esempio, anche nella cultura indiana delle origini sia presente il gusto di esprimersi in maniera simbolica ed enigmatica, come testimonia l'inno I, 164 del *Ṛgveda*. Si cfr. Valentino PAPESSO (a cura di), *Inni del Ṛgveda*, Ubaldini Editore, Roma s.i.d., pp. 104-108. A titolo d'esempio riporto la strofa 11: "Questa ruota dell'Ordine dai dodici raggi, non (destinata) a consumarsi intorno al cielo. Qui, o Agni, stanno sette cento venti figli a coppie" (*ivi*, p. 106). La facile soluzione è l'anno di dodici mesi con la somma di giorni e notti che ammontano a 720.

4. La laicizzazione del pensiero nel quadro di emergenza della filosofia
greca.

Sfinge stessa che, vinta da Edipo, si precipita dalle mura di Tebe, al
posto di divorare il passante come sempre accaduto fino ad allora.

Nella fase seguente la contesa accadeva in un orizzonte prettamente
laico: la sfida diveniva confronto tra uomini per la supremazia nel
titolo di sapienti. *Essere sapienti* significava saper *sciogliere gli
enigmi* che altri uomini ponevano, per mantenere o acquisire appunto
il titolo stesso di sapiente: era il titolo formale di sapiente ciò che la
capacità di scioglimento di un enigma doveva mostrare, non un
particolare contenuto carico di un qualche significato fondamentale.
La sfida era per lo *status*, ma sempre in un orizzonte di drammaticità:
la sua perdita si accompagnava, infatti, anche in questo caso alla
morte. A riguardo, Norbert Elias ha sottolineato la gravità della
perdita di status nelle piccole comunità: l'osservanza delle ritualità
hanno, in questi ultimi contesti sociali, anche il significato di simboli
di status che garantiscono dall'incertezza e dal pericolo. La perdita
dello status si lega alla perdita di stabilità nelle relazioni reciproche
e, quindi, all'aprirsi di un possibile mortale pericolo[87].

A questo contesto agonale, secondo l'interpretazione di Colli,
sarebbe per l'appunto riconducibile la nascita in Grecia della filosofia
propriamente detta: nell'ultima fase le dispute divennero a colpi di
argomentazioni logico-dialettiche, in un contesto socio-politico non
solo pienamente laicizzato – quale quello rappresentato dai tribunali,
dalle assemblee o dalle discussioni nell'*agorà* (contesto su cui
torneremo nel capitolo seguente) –, ma anche cauterizzato dal
pericolo mortale che in precedenza aveva caratterizzato l'orizzonte di
tali dispute. In una sorta di progressiva interiorizzazione del conflitto
uomo-dio, l'enigma divenne concettualizzabile come la
rappresentazione simbolica, in forma astratta, della lotta per la
conoscenza della natura, del cosmo e dei suoi segreti. Lungo questo
filone, come noto, è possibile leggere anche l'espressione del
pensiero di alcuni dei primi *proto filosofi*. La testimonianza di
Simplicio riportata in 28 A 20 DK (= [19] PARM.R3a, R3b, R5b
LM) rammenta, in tal senso, come gli antichi "[...] avevano

---

[87] Si cfr. Norbert ELIAS, *Über die Zeit. Arbeiten zur Wissenssoziologie II*,
op. cit., pp. 34-35.

4. La laicizzazione del pensiero nel quadro di emergenza della filosofia greca.

l'abitudine di esprimere le loro teorie in forma enigmatica"[88]. L'*oscurità* attribuita alla forma espressiva di Eraclito o di Parmenide sarebbe facilmente spiegabile, di conseguenza, riconducendo il loro pensiero e le loro forme espressive a questo modello sapienziale.

---

[88] Gabriele GIANNANTONI (a cura di), *I Presocratici. Testimonianze e frammenti*, vol. I, Laterza, Roma-Bari, 2002^7 (1ª ed. 1981, ma in altra collana 1979), p. 254.

5. Dall'oralità alla scrittura: dal pensiero mitico al pensiero del lógos.

[...] nella vita e nella storia, il sovra-adattamento alle condizioni date è stato non segno di vitalità, ma annuncio di senescenza e di morte, con relativo impoverimento della sostanza inventiva e creatrice

Edgar Morin

Nel corso del VI-V secolo a.C. il sapere del *lógos* venne progressivamente a emergere come sapere altro rispetto al sapere del *mythós*, anche – lo abbaiamo in parte visto, sulla scorta dei mutamenti economico-sociali intercorsi nell'evoluzione storica della *polis* – in termini di dislocazione sociale e spaziale nella città, ponendosi il primo quale sapere del *demos* emergente e delle istituzioni che nell'*agorà* andavano a delinearsi e ad affermarsi, in opposizione al sapere dell'aristocrazia e dell'acropoli[89].

Fattore rilevante di questo passaggio, che accompagna e sostiene i paralleli cambiamenti economico-sociali di cui si dirà, è l'avvento della *scrittura alfabetica* come veicolo di trasmissione della cultura in sostituzione della trasmissione orale. Seguendo le preziose indicazioni fornite da Eric A. Havelock nei suoi scritti, occorre in particolare soffermarsi su quel processo di *astrazione* rispetto al contenuto oggetto di scrittura, che è parallelo e contemporaneo alla comparsa della moneta (che ricordiamolo è, anzitutto, un *simbolo*) e

---

[89] Una sintetica ma puntuale analisi pragmatica del mutamento semantico intercorso nel significato dei termini *mythós* e *lógos*, nel passaggio dalla cultura greca arcaica a quella classica, in Furio JESI, *Mito*, op. cit., pp. 15-21. Va tuttavia rilevato, sulla scorta della riflessione tanto filosofica che antropologica e sociologica, come queste due modalità di pensiero non possono più essere interpretabili secondo una necessaria sequenzialità di evoluzione storica, per cui a forme meno evolute di pensiero (quello legato al *mythós*), sarebbero subentrate forme più evolute (appunto legate all'orizzonte del *lógos*). Viceversa, nel dibattito corrente prevale l'interpretazione che vede in esse due modalità difformi, ma non necessariamente oppositive, bensì *complementari*, di pensiero. Da un punto di vista didattico, una esemplificazione molto chiara e puntuale delle tappe e delle difficoltà di questo passaggio è offerta dal secondo capitolo di Eric A. HAVELOCK, *The Preplatonic Thinkers of Greece. A Revisionist History*, op. cit., pp. 23-40.

5. Dall'oralità alla scrittura: dal pensiero mitico al pensiero del lógos.

al processo di astrazione della regola di scambio rispetto al carattere particolare dei beni interessati allo stesso. Come la compravendita con monete – come visto – giudica il valore di un prodotto facendo astrazione delle sue caratteristiche per oggettivarlo in una misura, che può immediatamente essere rapportata ad altri prodotti, così la scrittura produrrebbe un processo di astrazione rispetto al contenuto culturale trasmesso nella comunicazione, in particolare attraverso il mutamento di alcune caratteristiche implicite nella diversa forma di trasmissione culturale che la scrittura stessa introdurrebbe rispetto all'oralità[90].

Se la trasmissione orale avviene mediante *poemi*, incentrati sull'ausilio del verso, ossia del *ritmo*, e dell'accompagnamento con strumenti a corde (come primo elemento di facilitazione per la rimemorazione dei contenuti che si dovevano trasmettere), altri caratteri costituitivi erano la *ripetizione* e la *ridondanza*, sempre per facilitare la trasmissione e la memorizzazione di quanto veniva trasmesso. Anche l'uso sia di *formule* che di *scene tipiche* o *espressioni fisse* agevolava la registrazione.

Il testo scritto ruppe questi modelli di trasmissione della cultura, poiché permetteva, anzitutto, di rendere *oggettivo*, presente come *oggetto*, ciò di cui si parlava. Mediante l'utilizzo della scrittura si tradusse il contenuto del pensiero *in un oggetto fisico* che veniva *posto dinnanzi* all'emittente del messaggio (e al suo ricevente), in una *distanza* nella quale il soggetto stesso poteva vederlo in modo *libero* e, quindi, esercitare su di esso un'azione di ripensamento, di *critica*. La distanza tra il contenuto del pensiero e lo stesso soggetto pensante (anche in qualità di ricevente, ribadiamo) permise inoltre di superare quel fenomeno di *identificazione* con quanto veniva comunicato che era costitutivo della oralità, risultando essere uno degli strumenti fondamentali per garantire la memorizzazione di un contenuto e la sua immutata trasmissione. Nacque, oltre alla possibilità di criticare ciò che era scritto e di modificarlo, anche *la possibilità del confronto* tra casi diversi e l'elaborazione, pertanto, di generalizzazioni, di *astrazioni* (come abbiamo visto accadere per la

---

[90] Si cfr. anche Bruno GENTILI, *L'interpretazione dei lirici greci arcaici nella dimensione del nostro tempo. Sincronia e diacronia nello studio di una cultura orale*, in "Quaderni Urbinati di Cultura Classica", vol. 8 (1969), pp. 7-21.

5. Dall'oralità alla scrittura: dal pensiero mitico al pensiero del lógos.

moneta)[91]. Laddove l'*oralità* e il *racconto mitico* comportavano una visione e una prensione *globale* e *olistica* di quanto trasmesso, la *scrittura* – e quindi il tipo di *pensiero logico-astraente* a esso connessa – veniva a definire una percezione *analitica* dei contenuti offerti.

In connessione con l'evoluzione delle strutture politiche e l'importanza crescente che l'uso della parola efficace veniva ad assumere nell'agone assembleare, nonché nelle procedure giuridiche ai loro albori (e in connessione anche, ricordiamolo, con quel processo di progressiva laicizzazione dell'*enigma*, che offriva la formalizzazione di strumenti per avere la meglio nelle dispute quali strumenti logico-dialettici), anche le procedure logico-argomentative che la scrittura veniva a formalizzare si imposero progressivamente sulle altre modalità di formazione e comunicazione del sapere. L'insieme di tali procedure saranno, infine, individuate come *razionali*, ovvero caratterizzate da una trama logica di connessione degli elementi che le formano, e aventi un potere giustificativo maggiormente probante rispetto ad altre. È questo propriamente l'orizzonte di passaggio dal *mythós* al *lógos*.

Più propriamente, l'etimologia del termine *lógos* rimanderebbe – secondo, come noto, l'analisi offerta in primo luogo da Martin Heidegger[92] – al verbo *légein*, nel significato non solo di *parlare*, ma più radicalmente di *selezione* e *messa in custodia* del raccolto, designandolo come *posare raccogliente*: il *lógos* rappresenterebbe la conclusione di un'azione che raccoglie, seleziona qualcosa per conservarlo, per preservarlo dalla dispersione, poiché lo ritiene importante. Il *lógos* appare come quell'agire che soppesa ciò che ha di fronte con un'azione critico-selettiva, *astraendo* da questo ciò che

---

[91] Ricordiamo che ad Atene, tra il VI e il V sec. a.C., compare, sotto forma di rotolo di papiro, il libro. Nel V sec. a.C. è possibile ipotizzare una regolare circolazione in città di testi scritti, sebbene occorra non sovrastimare tale fenomeno. Si veda a riguardo, introduttivamente, Luciano CANFORA, *La trasmissione del sapere*, in Salvatore SETTIS (a cura di), *I Greci. Storia Cultura Arte Società*. Vol. I, *Noi e i Greci*, Einaudi, Torino 1996, pp. 637-663 (in part. pp. 645-649).

[92] Martin HEIDEGGER, *Lógos*, (1951), in ID., *Vorträge und Aufsätze*, Verlag Günther Neske, Pfüllingen 1954, pp. 207-229; tr. it. Di Gianni Vattimo, in ID., *Saggi e discorsi*, Mursia, Milano 1976, pp. 141-157.

5. Dall'oralità alla scrittura: dal pensiero mitico al pensiero del lógos.

è rilevante per preservarlo, divenendo termine sovrapponibile all'azione di *astrazione* e *concettualizzazione* che compie il pensiero umano e su cui rifletterà proprio la filosofia, nel tentativo di chiarirne le procedure e la portata del suo utilizzo. Il *lógos* può passare a indicare la *ragione* umana solo partendo dalla comprensione di questo suo etimo.

Nel passaggio dal *mythós* al *lógos* risulta altresì implicito anche il significativo slittamento semantico che subisce la parola greca *áletheia* (*verità*).

Le invocazioni alle Muse, figlie di *Mnemosyne*, ossia Memoria, posti dai poeti all'inizio delle loro composizioni erano, come noto, una conseguenza dell'importanza essenziale che la memoria aveva per ogni cultura orale: la parola *corretta*, la parola *vera* era quella *ricordata* esattamente, capace pertanto di ripristinare nel presente e ciclicamente i miti e le ritualità opportune. Il termine *á-letheia*, come *verità*, era allora il *non-dimenticare*, il *non-nascondere* (da *lanthàno*, nascondo): il conservare *ciò che è, ciò che è stato, ciò che sarà* (ossia *le cose del presente, del passato e dell'avvenire*; *ta eonta, ta proeonta, ta esomena*). Il *sapiente* (come poeta, aedo, oppure oracolo) era colui che era in possesso delle chiavi di accesso alla *parola efficace*.

Con il processo di laicizzazione del contesto di utilizzo del *lógos*, della parola-efficace, contemporaneo come analizzato tanto allo stabilizzarsi di istituzioni politiche (l'assemblea dei migliori) e giuridiche (la definizione di procedure di giudizio regolamentate), quanto all'introduzione della scrittura e del suo pensiero, si determina un uso diverso della parola, al fine di convincere, spiegare, chiarire. Il concetto di razionalità, di *lógos*, quale modello di parola, di discorso legato a particolari procedure di organizzazione del pensiero che progressivamente emergono, fa del *discorso vero* un discorso che giunge a mostrare qualcosa attraverso un particolare percorso (un *metodo*; ossia un *méthodos*, da *meta* "lungo", ma anche "oltre", e *hodós* "via") che – come detto – raccoglie e *porta allo scoperto* la realtà nella sua consistenza ultima e fondante, che arriva a mostrare l'essenzialità della realtà[93]. Ecco, allora, che il concetto di *áletheia* andrà a significare, in relazione all'uso delle procedure

---

[93] A riguardo, esemplarmente, Gloria GERMANI, *ΑΛΗΘΕΙΗ in Parmenide*, "La Parola del Passato", vol. 43 (1988), pp. 177-206.

5. Dall'oralità alla scrittura: dal pensiero mitico al pensiero del lógos.

logiche, del *lógos*, il *far uscire allo scoperto*, il *portare in piena luce*, da un originario nascondimento, l'essenziale di ciò attorno a cui si sta discutendo, ragionando. Proprio in questo *disvelamento* dell'essenziale, la filosofia si proporrà come quella attività di creazione di *universalità* di cui abbiamo già parlato in precedenza e che possiamo ora intendere da questo nuovo punto di vista. La filosofia si propone, fin dal suo sorgere, come l'orizzonte della '*messa in comune*' di qualcosa tra le esperienze degli uomini (pensiero *concettuale* del *lógos*), che solo la scrittura alfabetica – per quanto mostrato – rende definitivamente possibile e praticabile. Di questo si *stupivano* i primi pensatori greci[94].

---

[94] Per una ricostruzione della storia della filosofia legata allo *stupore* archetipo, seppur da una prospettiva differente da quella qui proposta, si veda Jeanne HERSCH, *L'étonnement philosophique. Une histoire de la philosophie*, Gallimard, Paris 1993 (ma 1ª ed. 1981), tr. it. di Alberto Bramati, *Storia della filosofia come stupore*, Bruno Mondadori, Milano 2002.

6. Lo stupore e il pensare filosofico.

6. *Lo stupore e il pensare filosofico.*

Ma ormai è da tanto tempo che la filosofia non ha più detto niente di interessante per tutti quanti. Del resto essa non dice mai qualcosa di interessante per tutti quanti. Quando tira fuori qualcosa, dice cose che interessano due o tre persone.

Jacques Lacan

Due passi vengono solitamente citati e commentati per sottolineare la relazione originaria che sussisterebbe tra pensare filosofico e stupore.

Anzitutto quello platonico del *Teeteto* (155d), dove viene posta in evidenza – per la prima volta, in modo esplicito – tale legame:

> [...] ciò che provi [*Socrate si sta rivolgendo a Teeteto*, n.d.r.] – la meraviglia [thaumázein] – è un sentimento assolutamente tipico del filosofo. La filosofia non ha altra origine che questa e, a quanto pare, chi ha definito Iride figlia di Taumante non ha tracciato una cattiva genealogia.[95]

Successivamente anche Aristotele motiverà l'origine della filosofia tramite il concetto di *stupore, thaumázein*: "Infatti gli uomini hanno cominciato a filosofare, ora come in origine, a causa della meraviglia [...]" (*Metafisica*, A 2, 982 b 11-13)[96].

Nelle pagine precedenti abbiamo acquisito gli elementi per poter cercare di intendere di cosa si stupissero originariamente i filosofi greci. Lo stupore a cui giunge la filosofia greca, in quanto filosofia, non sarebbe altro che quella della capacità di *concettualizzazione* propria dell'uomo. Dire – a partire da Parmenide – che pensare era *mettere qualcosa nella forma dell'essere*, come orizzonte della concettualizzazione umana, significava cogliere, in una terminologia ancora oscura e ambigua, ciò che la filosofia del linguaggio ha successivamente puntualizzato quale carattere costitutivo del linguaggio *umano*: il dire-pensare (*lógos*) fa apparire, mostra la realtà in un determinato modo e non in altri; il dire-pensare (*lógos*) dell'uomo fa sussistere l'ente e lo mostra riunendolo, assembrandolo secondo una certa denotazione configurante e non altre. Con riferimento alla semiotica di Peirce, potremmo dire che la funzione

---

[95] PLATONE, *Teeteto*, tr. it. di Luca Antonelli, Feltrinelli, Milano 2009⁴ (1ᵃ ed. 1994), p. 69.

[96] ARISTOTELE, *Metafisica*, op. cit., p. 11.

mediatrice che il segno svolge tra oggetto (realtà) e interpretante (soggetto) è fondata sul fatto che il segno stesso "[…] deve prendere di mira, illuminare sotto certi aspetti l'oggetto, coglierne delle qualità, costituirne un'idea fondamentale"[97]. Potremmo allora affermare, riprendendo alcune considerazioni iniziali, che lo specifico umano, più che in un generico uso del linguaggio, risiederebbe nel possedere una capacità di *metalinguaggio*, ovvero la possibilità di parlare del proprio linguaggio – dei propri linguaggi – definendone i simboli, i contesti di utilizzo e di referenza, mostrando in questo tutta la sua astraente potenza *poietica* rispetto alla realtà. Detto nuovamente con la semiotica di Peirce: "l'oggetto può essere illuminato solo a patto di essere interpretato: l'interpretazione è il frutto della mediazione *creativa* dell'uomo quale facitore di segni (…)"[98].

Tale sarebbe dunque il potere del linguaggio-pensiero (*lógos*) umano, il suo potere astraente e concettualizzante di cui Platone e Aristotele si stupirono: lo stupirsi del dispiegarsi del *lógos* originario come *posare-raccogliente*. Ci si stupiva che l'essere dell'ente fosse, e fosse così ("[…] tutti cominciano dal meravigliarsi che le cose stiano in un determinato modo", *Metafisica*, A 2, 983 a 12-14[99]): ossia, liberato da tutta la sua concretezza, soggettività, transitorietà, ci si stupiva che qualcosa potesse permanere e che il pensiero astraente potesse coglierlo, ponendolo in una classe di equivalenza che egli stesso andava creando, istituita dallo stesso *lógos*, per rendere certi oggetti universalmente scambiabili tra di loro in base a

---

[97] Massimo A. BONFANTINI, *La semiotica cognitiva di Peirce*, introduzione a Charles Sanders PEIRCE, *Semiotica*, in ID., *Opere*, a cura di Massimo A. Bonfantini, Bompiani, Milano 2021, p. 20.

[98] *Ivi*, p. 21. Corsivo nostro. Letto nell'ottica dello sviluppo delle capacità cognitive di un bambino: "Non appena diviene padrone dei simboli linguistici della sua cultura, il bambino acquisisce la capacità di adottare simultaneamente una molteplicità di prospettive nell'*interpretazione* della *medesima* situazione percettiva. […]. I simboli linguistici svincolano […] la cognizione umana dalla situazione percettiva immediata […] rendendo possibile una *molteplicità* di *rappresentazione* simultanee di ciascuna e di tutte le situazioni percettive (in effetti, di tutte quelle possibili)" (Michael TOMASELLO, *The cultural origins of human cognition*, op. cit., p. 27. Corsivi nostri).

[99] ARISTOTELE, *Metafisica*, op. cit., p. 13.

determinate finalità e definita dai caratteri costitutivi dell'oggetto, posti in evidenza dall'azione dello stesso pensiero. Ci si stupiva, dunque, che al pensiero astratto, al pensiero del *lógos*, al pensiero reso possibile anche mediante la scrittura, fosse possibile concettualizzare gli enti, fosse possibile vederli sotto la luce dell'universale, del concetto universale che li esprime: che tutti i caratteri di un ente apparissero in una unità, per cui, seguendo in questo caso Eraclito, diveniva lecito dire che *tutto è uno*, che tutto fosse assembrato dal *lógos* in una unità e posta davanti alle menti di tutti. Il *lógos*

> [...] in quanto assembrante lasciar-giacere-dinanzi, imprende il proprio modo costitutivo dalla disascosità di ciò che giace-insieme-presso-e-dinanzi. Ma la disasconsione del nascosto nel disascosto è l'adstanziarsi stesso dell'adstanziantesi. Noi chiamiamo così l'essere dell'essente. [...] il λόγος porta ciò che appare, ciò che pro-viene-fuori nel giacere-dinanzi, ad apparire da se stesso nell'aperto, a mostrarsi stagliato (...).[100]

Ci si stupiva, in conclusione, che in questo apparire dell'essere dell'ente, la denotazione fosse condivisibile dal pensiero di tutti (*omologhía*): l'*in-tesa unisona* del *Sophón*, sulla quale si interrogheranno tanto Platone, quanto Aristotele, ossia i primi filosofi propriamente tali.

> Nel provar stupore noi subiamo un arresto. Arretriamo, per così dire, davanti all'essente davanti al fatto che esso è ed è così e non altrimenti. Tuttavia il provar stupore non si esaurisce in questo arretrare davanti all'essere dell'essente. Lo stupore, nel suo arretrare e nel suo arrestarsi in sé, è, al tempo stesso, rapito verso e, per così dire, incatenato, da ciò davanti a cui arretra. In tal modo lo stupore è la dis-posizione all'interno della quale il corrispondere all'essere dell'essente fu assegnato ai filosofi greci.[101]

In questa modalità dell'apparire, risulta anche nuovamente pensabile – da una ulteriore prospettiva – il carattere di *s-velamento*, di *dis-ascondimento* di *áletheia*, della verità che esce allo scoperto, che si mostra e che mostra *cio-che-davvero-è*, l'ente appunto: "[...] la verità è soltanto ciò che il pensiero crea, tenuto conto del piano di

---

[100] Gino Zaccaria, *Il Λόγος e lo Ἕν Πάντα in Eraclito*, in Martin Heidegger, *Che cos'è questa cosa (che chiamiamo) filosofia? [Was ist das – die Philosophie?]*, a cura di Gino Zaccaria, EGEA-Università Bocconi, Milano 1998, pp. 20-22.

[101] Martin Heidegger, *Was ist das-die Philosophie?*, op. cit., p. 43.

6. Lo stupore e il pensare filosofico.

immanenza che esso si dà per presupposto e di tutti i tratti di questo piano [...]: pensiero è creazione [...]"[102]. Se la filosofia è, pertanto, anche problematizzazione della realtà[103], stupirsi che le cose siano e siano in un certo modo non significa accettarle come un dato, ma entrare in relazione con esse con spirito problematico, *critico*: *giocare* con le situazioni che si incontrano e, giocando, scardinarne quasi la necessità, mostrandone in tal senso la contingenza e aprendo, al contempo, degli spazi di libertà[104]. *Restare aperti* al mondo, all'incontro con l'altro, al fare esperienza, nonché nella capacità di *provare stupore* dinnanzi all'essente, sono e permangono elementi esiziali del pensare filosofico.

---

[102] Gilles DELEUZE – Felix GUATTARI, *Qu'est-ce que la philosophie?*, op.cit., p. 44.

[103] Michel FOUCAULT, *Polemics, Politics and Problematizations*, in Paul RABINOW (ed.), *The Foucault Reader*, Pentheon Books, New York 1988, pp. 381-390; tr. it. di Sabina Loriga, *Polemica, politica e problematizzazioni*, in Michel FOUCAULT, *Archivio Foucault. 3. 1978-1985. Estetica dell'esistenza, etica, politica*, Ferltrinelli, Milano, pp. 240-247.

[104] Questo atteggiamento, proprio della filosofia, nulla ha a che vedere con la ricerca del nuovo per il nuovo, della novità a tutti i costi. La filosofia è *altro* dalla moda, anche se alcuni filosofi sembrano cercare in ogni modo di *essere alla moda*. "L'incessante esigenza di godere e gustare sempre qualcosa di affatto nuovo mi sembra, tutto sommato, denotare meschinità, carenza di vita interiore, alienazione dalla natura e mediocre o scarsa capacità d'intelligenza. È ai bambini che bisogna mostrare di continuo qualcosa di nuovo e di diverso, se si vuol farli contenti" (Robert WALSER, *Der Spaziergang*, in ID., *Seeland*, Rascher Verlag, Zürich 1919; tr. it. di Emilio Castellani, *La passeggiata*, Adelphi, Milano 2008[18] (1ª ed. 1976), p. 95). La filosofia ha a che fare con persone adulte e mature, che si assumono fino in fondo la responsabilità di sé e non hanno più bisogno, come i bambini, di tutori che li proteggano, li guidino e li facciano divertire con trastulli sempre nuovi. Sull'attualità cogente della necessità di uscire dallo stato di minorità, si cfr. Paola MOLINATTO (a cura di), *La minorità è dentro di noi. Riflessioni su alterità, autonomia e relazione*, intervista ad Alfonso M. Iacono, "Animazione sociale", a. 31, n. 156 seconda serie, ottobre 2001, pp. 3-10.

7. Platone, la crisi della città e la filosofia; ovvero, la filosofia come espressione della separazione tra lavoro intellettuale e lavoro materiale.

La crisi della *polis* (ossia, le trasformazioni della composizione sociale e del peso dei diversi ceti in essa) è anche la crisi di un certo modello culturale, crisi che le nuove istanze giuridico-politiche (ossia, le istituzioni democratiche, quali assemblea e tribunali, come nuovi centri dell'unità della comunità politica) avevano non solo palesato, non solo accompagnato, ma per certi versi sollecitato e nutrito: il passaggio a una razionalità basata sulle *tecniche della parola*, di una parola *astratta* e *scritta*, ne era l'approdo.

Dinnanzi a questi processi – come anche illustrato da Giorgio Colli – il pensiero di Platone (anche, come vedremo brevemente, in relazione al suo progetto politico) viene di contro a porre un sigillo non solo conservatore, ma addirittura *restauratore*: alla speculazione sviluppatasi con tutt'altre caratteristiche (la *filo*-sofia, come ricerca prettamente *umana* del sapere, come elaborazione di *tecniche* – in primo luogo logico-linguistiche – per la definizione dell'orizzonte umano, *culturale*, storico, del vero e del vivere) viene a sostituirsi una filosofia con i tratti della *sofia*, del sapere della tradizione[105].

Nel teatro di crisi della città, la proposta filosofica platonica, la sua cosiddetta *seconda navigazione*, fonda nella metafisica una stabilità immutabile di ordine e di bene a partire da una peculiare lettura del concetto, secondo la nota *dottrina delle idee* e la *teoria della linea*, elaborati in particolare nelle opere della maturità, nel *Fedone*, nel *Fedro* e, soprattutto, nella *Repubblica*. Con il *Fedone* si inaugura una nuova teoria della conoscenza (conoscere è *ricordare*), dove l'anima

---

[105] Su questi aspetti si cfr. l'Introduzione e il primo capitolo di Eric A. HAVELOCK, *The Preplatonic Thinkers of Greece. A Revisionist History*, op. cit., rispettivamente pp. 5-12 e 15-22; per Aristotele anche le pp. 64-65 del terzo capitolo e p. 97 del capitolo quinto; nonché Harold F. CHERNISS, *Aristotle's Criticism of Presocratic*, Johns Hopkins Press, Baltimore 1935 (rist. Octagon Books, New York 1964) e John B. MC DIARMID, *Theophrastus and the Presocratic Causes*, "Harvard Studies in Classical Philology", vol. 61 (1953), pp. 85-156. Si veda anche Jean-Paul VERNANT, *Les origins de la philosophie*, in Christian DELACAMPAGNE - Robert MAGGIORI (éds.), *Philosopher. Les Interrogations contemporaines*, Fajard, Paris 1980, pp. 463-471.

7. Platone, la crisi della città e la filosofia.

ha accesso a una verità, le idee appunto, concepita come eterna e immutabile. La creazione di una realtà stabile e immutabile *dietro* (o *oltre*) il divenire cangiante delle cose è la strategia di Platone per stabilizzare l'ordine del reale (e il connesso ordine di pensiero), nonché di consolidamento, pertanto, del suo modo di intendere la filosofia. Strategia che si articola anche con la ripresa della dottrina della metempsicosi, nonché di tutti i miti escatologici – altri miti saranno, come noto, elaborati dallo stesso Platone – che possono connotare la sua filosofia addirittura come esoterica e tradizionalista[106]: la dottrina dell'anima (rivisitata alla luce della lezione pitagorica e del processo di purificazione, che si configura ora in chiave razionale, dove la dialettica diviene non solo strumento di reminiscenza, ma anche di purificazione), il presupposto *mitico* della sua immortalità (*Fedone*), nonché la teoria appunto della reminiscenza, delineano in senso mistico-sapienziale la sua teoria della conoscenza e l'orizzonte ultimo del proprio ordine di discorso, disponendolo per l'appunto all'interno di quella tradizione della cosiddetta filosofia perenne[107]. Proprio le supposte *dottrine non-scritte* confermerebbero il tratto complessivamente esoterico e iniziatico del modello di sapere elaborato da Platone[108].

---

[106] Questa, per esempio, la lettura data da Elémire ZOLLA, *I mistici dell'Occidente*, Garzanti, Milano 1963, ora, in una nuova edizione riveduta, Adelphi, Milano 1997, in due volumi, pp. 109-112. Una diversa lettura del misticismo di Platone in Marco VANNINI, *Il volto del Dio nascosto. L'esperienza mistica dall'Iliade a Simone Weil*, Mondadori, Milano 1999, ristampato col titolo *Storia della mistica occidentale*, Mondadori, Milano 2010; ora, in edizione rivista e aggiornata, Le Lettere, Firenze 2018, pp. 51-63. Nota, del resto, Peter Sloterdijk come "[…] una filosofia che capisse la sua dipendenza dalle scoperte e dai media non potrebbe probabilmente più essere una filosofia in senso tradizionale" (Peter SLOTERDIJK, *Im Weltinnenraum des Kapitals*, Suhrkamp Verlag, Frankfurt a.M. 2005; tr. it. di Silvia Rodeschini, *Il mondo dentro il capitale*, Meltemi, Roma 2006, p. 88).

[107] Platone viene infatti annoverato, di solito, come autore che appartiene alla cosiddetta tradizione della *philosophia perennis*.

[108] Su quest'ultimo aspetto: Konrad GAISER, *Platone come scrittore filosofico. Saggi sull'ermeneutica dei dialoghi platonici*, Bibliopolis, Napoli 1984; Hans KRÄMER, *Platone e i fondamenti della metafisica*, Vita e Pensiero, Milano 1989; Thomas A. SZLEZAK, *Come leggere Platone*, Rusconi, Milano 1991; Giovanni REALE, *Per una nuova interpretazione di*

7. Platone, la crisi della città e la filosofia.

La lettura tanto della *VII Lettera* che del *Fedro*, nelle parti critiche rispetto all'utilizzo della scrittura per comunicare i principi primi della scienza, permettere di ricavare l'idea che, secondo Platone, non si possa parlare attorno ai principi su cui si basa la scienza, ovvero la sua stessa filosofia, se non attraverso una via ipotetica, mitico-narrativa, poiché quelle tecniche logiche elaborate in connessione alla scrittura e analizzate in precedenza non sarebbero in grado di coglierne lo specifico e, quindi, di farne oggetto di comunicazione ad altri. Viceversa le dottrine non scritte fanno riferimento a un contenuto *perenne*, la cui conoscenza è connesso a un andare oltre il linguaggio (umano): a esso vi si può solo accennare e accedervi attraverso una dimensione *mistica*. Il linguaggio (umano), ossia l'immagine che si traduce in parola, costituisce sempre un diaframma, che scinde irrimediabilmente la possibile totale corrispondenza del pensiero (umano) e dei suoi principi, con la realtà naturale stessa e i suoi principi. Non si può pertanto mai parlare dei principi ultimi della scienza – secondo Platone – se non evidentemente distorcendoli: solo un lungo esercizio del pensiero ne può consentire una visione intellettuale a carattere, come detto, contemplativo, ascetico[109]. Nel *Cratilo*, del resto, Platone sembra suggerire la possibilità di un accesso alla verità e alla conoscenza indipendente dal linguaggio.

Dubbi sulle capacità del linguaggio umano erano state del resto espresse anche altrove. Lo *Ione* conduce una lotta serrata contro la cultura poetico-mimetica; dall'altro, però, la filosofia platonica vuole come ricostruire il mondo stabile, sapienziale, su quelle nuove basi che la *téchne* della parola (scritta) ha delineato lungo un processo di laicizzazione della cultura. È come se Platone si rendesse conto che un certo tipo di comunicazione e di contenuti correlati, che costituivano la base del pensiero sapienziale greco, fosse divenuto inefficace sotto i colpi e l'incalzare della nuova *téchne* della parola, e l'ammettesse pubblicamente nei suoi scritti (essoterismo), in particolare nello *Ione* e nel X libro della *Repubblica*. Salvo cercare,

---

Platone. Rilettura della Metafisica dei grandi dialoghi alla luce delle dottrine 'non scritte', Vita e Pensiero, Milano 1991[11] (ma 1ª ed. CUSL, Milano 1984); Claude GAUDIN, *Platon et l'Alphabet*, P.U.F., Paris 1990.

[109] Nel *Fedro* tale conoscenza è quella mistica. Analoga posizione può essere dedotta dal *Menone*.

nel suo pensiero esoterico, di ripristinare un sapere di tipo mistico, non più però poetico-mimetico (irrazionale), ma al quale pervenire anche e soprattutto un meditato uso della dialettica.

Se la ragione rappresenta l'orizzonte di stabile continuità che l'uomo istituisce per gestire la propria animalità e la propria sopravvivenza, secondo lo specifico culturale proprio dell'uomo stesso e la sua storicità e finitudine, il progetto platonico va in tutt'altra direzione, ossia – come detto – nel recupero-restaurazione di un pensiero sapienziale-tradizionalista, modulato, inevitabilmente, sulle nuove basi, raccogliendo in un certo senso la sfida che il nuovo sapere tecnico, razionale e laico poneva. Non a caso, la dottrina filosofica di Platone è imbevuta dell'idea che la verità, il bene siano qualcosa di collocati nel passato e da riconquistare a partire dal periodo di decadenza in cui l'uomo vivrebbe: nel *Menone* la dottrina dell'anamnesi presenta la verità come qualcosa di già dato in un passato archetipo e che l'uomo/filosofo è tenuto a recuperare, a ricordare; il mito di Atlantide contenuto nel tardo dialogo del *Crizia* (ma vi si accenna anche nel *Timeo*) presenta invece l'idea che l'epoca attuale sia un'epoca di decadenza rispetto, viceversa, a un'età dell'oro meravigliosa, che per essere recuperata necessita il farsi re da parte dei filosofi o il farsi filosofi da parte dei re. Sono comunque sempre dei costrutti mitico-ipotetici, non validabili dalla ragione umana, a costituire le premesse dell'ordine di discorso, paradossalmente razionale, istituito da Platone. E costrutti che servono, a partire dal *Menone* e dal *Fedone*, a sottrarre il discorso stesso da un orizzonte di finitudine, di rivedibilità da parte della ragione umana, per porlo (o, forse, sarebbe più opportuno dire riporlo, porlo di nuovo, nuovamente, dopo le scosse prodotte al sapere mitico-sapienziale dall'attacco della *téchne* del linguaggio) nell'orizzonte del *sempre*.

Nella lettura intellettuale che Platone dà della stessa crisi della polis di Atene, cui cercherà di rispondere con un progetto di riforma globale dell'esistenza umana fondata su una nuova visione del sapere, la filosofia, la *sua* filosofia appunto, si palesano appieno i tratti di questa ricostruzione aristocratico-sapienziale del sapere.

Afferma, ad esempio, Bruno Centrone già a proposito di un dialogo ritenuto tradizionalmente giovanile come il *Carmide*: "Il *Carmide* rientra nel grande progetto platonico di rifondazione filosofica delle virtù tradizionali, di fronte alla crisi di valori attraversata dalla democrazia ateniese dopo la guerra del Peloponneso [...]"[110]. Ad esempio, tutte le definizioni di *sophrosyne* che Carmide fornisce nel dialogo omonimo tradiscono un'origine aristocratica e hanno un significato politico evidentemente antidemocratico. Le confutazioni che Platone produce vertono sul piano strettamente definitorio. La terza definizione (*fare le proprie cose*, dove *proprio* indica l'*appropriato*), seppur confutata da Socrate, è addirittura platonica, essendo sovrapponibile alla definizione di giustizia data nella *Repubblica* (433 b-d).

Questa tendenza si paleserà nelle opere della maturità, nonché della revisione critica. Come noto, la gerarchizzazione del sapere è il fondamento della politica platonica e della stessa esistenza di uno stato ordinato in un certo modo[111]. Lo stato che Platone ha in mente, nella *Repubblica* e nelle *Leggi*, ha carattere prettamente aristocratico, seppur in una nuova e rinnovata forma: la divisione in classi non è solo funzionale, ma presenta una rigida e statica gerarchizzazione sociale delle mansioni, centrato sul principio di subordinazione. Si può parlare di un organicismo platonico a guida aristocratica, che contrasta il caposaldo democratico della gestione comune della *politeia*, come invece sostenuto, ad esempio, da Protagora[112]. Nelle *Leggi* sarà addirittura la religione, esplicitamente potremmo dire, a costituire il fondamento della possibilità di educare i cittadini alle virtù e, quindi, a plasmare uno stato ordinato. La Divinità viene a identificarsi con l'ordine cosmico e gli astri del cielo, al punto da sviluppare una vera e propria teologia astrale che deifica i pianeti e gli astri, in contrasto con quanto asserito dalle nuove concezioni

---

[110] Bruno CENTRONE, *Introduzione* a Platone, *Teage Carmide Lachete Liside*, Rizzoli, Milano 2002² (1ª ed. 1997), p. 37.

[111] Il *Timeo*, in tal senso, elaborerà una concezione ordinata finalisticamente della natura in opposizione alle spiegazioni scientifiche e deterministiche, ad esempio, del contemporaneo Democrito. Sulle conseguenze anche di ordine etico-politico implicate dalla visione della natura proposta da Democrito, mi permetto di rimandare al mio *Nel Vuoto. Tra filosofia e senso dell'esistenza umana*, Mimesis Edizioni, Milano-Udine 2023, pp. 11-18.

[112] Occorrerebbe, in tal senso, valutare quale alternativa culturale la filosofia protagorea avrebbe potuto rappresentare. Potremmo dire che la filosofia avrebbe potuto avere un'altra storia, se non avesse trionfato la linea individuata da Platone.

scientifiche, ad esempio dal già menzionato Democrito (*Leggi*, 886 c-d). L'ordine statale diviene riflesso dell'ordine cosmico: anzi, solo la presenza di quest'ultimo, secondo Platone, può garantire (facilitare) l'instaurazione di un ordine anche nel consesso umano: secondo Platone, se la natura fosse caos ciò non sarebbe possibile.

Infine, anche rispetto all'utilizzo della figura di Socrate nei propri dialoghi da Platone, nonché il suo significato politico, sono forse da tenere ancora nella dovuta considerazione le lontane, ma conclusive osservazioni di Benjamin Farrington:

Nella filosofia greca Platone rappresenta una reazione politica alla cultura ionica, in difesa dell'ideale di una città-stato basata sulla schiavitù, divisa in classi e sciovinista, che era già divenuta un anacronismo. [...] è impossibile dire quanto di inventato vi sia nella figura di Socrate come ci viene presentata da Platone. [...]. Il Socrate dei *Dialoghi* è il contributo di Platone, non di Socrate al pensiero; vi è nel suo ritratto qualcosa che colpisce le radici stesse della filosofia così come la concepivano gli Ionici. Era costume del clero delfico, centro di reazione oligarchica nel mondo greco, emanare di tanto in tanto giudizi sul tipo ideale dell'uomo e del cittadino. [...]. Socrate, il Socrate di Platone, era anch'egli un modello di questo tipo [...]. In ultima analisi Platone ci sospinge indietro agli oracoli o all'"antica tradizione".[113]

---

[113] Benjamin FARRINGTON, *Science and Politics in the Ancient World*, George Allen & Unwin, London 1946; tr. it. di Antonio Rotondò, in *Scienza e politica nel mondo antico – Lavoro intellettuale e lavoro manuale nell'antica Grecia*, Feltrinelli, Milano 1981[3] (1ª ed. 1976), pp. 9-156, la cit. è a p. 78.

Bibliografia

ACZEL, Amir D., *The Cave and the Cathedral: How a Real-Life Indiana Jones and a Renegade Scholar Decoded the Ancient Art of Man*, John Wiley & Sons, Hoboken 2009; tr. it. di Luca Guzzardi, *Le cattedrali della preistoria. Il significato dell'arte rupestre*, Raffaello Cortina, Milano 2010

ALLEVA, Enrico, *Il tacchino termostatico. Un etologo e i suoi animali*, Edizioni Theoria, Roma-Napoli 1990

ANOLLI, Luigi, *Presentazione* a Michael TOMASELLO, *The cultural origins of human cognition*, Harvard University Press, Cambridge, Mass. 1999; tr. it. di Maurizio Riccucci, *Le origini culturali della cognizione umana*, Il Mulino, Bologna 2005, pp. 7-18

ARISTOTELE, *Metafisica*, tr. it. di Giovanni Reale, Bompiani, Milano 2000

AUSTER, Paul, *Moon Palace*, Viking Press, New York 1989, tr. it. di Mario Biondi, *Moon Palace*, Einaudi, Torino 1997

BACHELARD, Gaston, *La formation de l'esprit scientifique. Contribution à une psychanalyse de la connaisance objective*, Vrin, Paris 1938; tr. it. a cura di Enrico Castelli Gattinara, *La formazione dello spirito scientifico. Contributo a una psicoanalisi della conoscenza oggettiva*, Raffaello Cortina Editore, Milano 1995

BACHELARD, Gaston, *L'Épistémologie*, P.U.F., Paris 1971; tr. it. di Franco Lo Piparo, *Epistemologia*, Laterza, Roma-Bari 1975

BACON, Bennett et al., *An Upper Paleolithic Proto-writing System and Phenological Calendar*, "Cambridge Archeological Journal" vol. 33 (2023), fasc. 3, pp. 371-389

BAGGOTT, Jim, *Origins. The Scientific Story of Creation*, Oxford University Press, Oxford-London 2015; tr. it. di Isabella C. Blum, *Origini. La storia scientifica della creazione*, Adelphi, Milano 2017

BATAILLE, Georges, *Lascaux ou la naissance de l'art*, Albert Skira, Genève 1954; tr. it. di Luca Tognoli, *Lascaux. La nascita dell'arte*, Aesthetica, Milano 2014

BELTRÁN, Antonio, *Arte rupestre preistorica*, Jaca Book, Milano 1993

BLUMENBERG, Hans, *Schiffbruch mit Zuschauer. Paradigma einer Daseinsmetapher*, Suhrkamp Verlag, Frankfurt am Main 1979, tr.

it. di Francesca Rigotti, *Naufragio con spettatore*, Il Mulino, Bologna 1985

BONFANTINI, Massimo A., *La semiotica cognitiva di Peirce*, introduzione a Charles Sanders PEIRCE, *Semiotica*, in ID., *Opere*, a cura di Massimo A. Bonfantini, Bompiani, Milano 2021, pp. 13-36

BOYLE, Derek George, *Language and Thinking in Human Development*, Hutchinson, London 1971; tr. it. di Rino Rumiati, *Mente e linguaggio*, Il Mulino, Bologna 1977

BRUNER, Jerome S., *A Study of Thinking*, Routledge, New York 2017^2 (1^a ed. 1986)

BURKERT, Walter, *Da Omero ai Magi. La tradizione orientale nella cultura greca*, a cura di Claudia Antonetti, Marsilio, Venezia 1999

CANFORA, Luciano, *La trasmissione del sapere*, in Salvatore SETTIS (a cura di), *I Greci. Storia Cultura Arte Società. Vol. I, Noi e i Greci*, Einaudi, Torino 1996, pp. 637-663

CARROLL, John B., *Words, Meanings and Concepts*, "Harvard Educational Review", vol. 34 (1964), n. 2, pp. 178-202

CASSIRER, Ernst, *An Essay on Man. An Introduction to a Philosophy of Human Culture*, Yale University Press, New Haven 1944; tr. it. di Carlo D'Altavilla, rivista da Marcello Ghilardi, *Saggio sull'uomo*, Mimesis Edizioni, Milano – Udine 2011

Bruno CENTRONE, *Introduzione* a Platone, *Teage Carmide Lachete Liside*, Rizzoli, Milano 2002^2 (1^a ed. 1997), pp. 7-158

CHERNISS, Harold F., *Aristotle's Criticism of Presocratic*, Johns Hopkins Press, Baltimore 1935 (rist. Octagon Books, New York 1964)

COLLI, Giorgio, *La nascita della filosofia*, Adelphi, Milano 1988^8 (1^a ed. 1975)

COLLI, Giorgio, *La sapienza greca. Vol. I, Dioniso – Apollo – Eleusi – Orfeo – Museo – Iperborei – Enigma*, Adelphi, Milano 1992^2 (1^a ed. 1990; ma in altra collana 1977)

COLLI, Giorgio, *La sapienza greca. Vol. III, Eraclito*, Adelphi, Milano 1996^2 (1^a ed. 1993; ma in altra collana 1980)

DAGRADI, Sergio, *La problematizzazione della sessualità nelle opere di Esiodo*, "Atene e Roma", a. 44 n. s. (1999), nn. 3-4, pp. 121-129; ora in Sergio DAGRADI, *Il Vuoto e la Carne: il pensiero filosofico e la problematizzazione della sessualità*, Bonomi Editore, Pavia 2002, pp. 11-18

DAGRADI, Sergio Alfredo, *Nel Vuoto. Tra filosofia e senso dell'esistenza umana*, Mimesis Edizioni, Milano-Udine 2023

DAGRADI, Sergio Alfredo, *Sul pensiero non umano. Appunti per un percorso transdisciplinare/parte I*, "Comunicazione filosofica", n. 50, maggio 2023, pp. 118-127, URL: https://www.sfi.it/files/download/Comunicazione%20Filosofica/Comunicazione%20Filosofica%2050%201_2.pdf

DAGRADI, Sergio Alfredo, *Sul pensiero non umano. Appunti per un percorso transdisciplinare/parte II*, "Comunicazione filosofica", n. 51, novembre 2023, pp. 167-176; URL: https://www.sfi.it/files/download/Comunicazione%20Filosofica/Comunicazione%20Filosofica%2051%202_2023.pdf

DAGRADI, Sergio Alfredo, *Sul pensiero non umano. Appunti per un percorso transdisciplinare/parte III*, "Comunicazione filosofica", (in preparazione)

DELEUZE, Gilles - GUATTARI, Felix, *Qu'est-ce que la philosophie?*, Les éditions de Minuit, Paris 1991; tr. it. di Angela De Lorenzis, *Che cos'è la filosofia?*, Einaudi, Torino 1996

DEWEY, John, *Logic, the Theory of Inquiry*, Henry Hold & Co., New York 1939; tr. it. di Aldo Visalberghi, *Logica, teoria dell'indagine*, Einaudi, Torino 1949

DETIENNE, Marcel, *Apollon le couteau à la main*, Gallimard, Paris 1998; tr. it. di Francesco Tissoni, *Apollo con il coltello in mano*, Adelphi, Milano 2002

MC DIARMID, John B., *Theophrastus and the Presocratic Causes*, "Harvard Studies in Classical Philology", vol. 61 (1953), pp. 85-156

DUNCKER, Karl, *On Problem Solving*, "Psychological Monographs", vol. 58 (1945), n. 5, pp. 1-113

EDER, Klaus, *voce "Istituzione"*, in Christoph WULF (hrsg.), *Vom Menschen. Handbuch Historische Anthropologie*, Beltz Verlag, Weinheim-Basel 1997; ed. it. a cura di A. Borsari, *Cosmo, corpo, cultura. Enciclopedia antropologica*, Bruno Mondadori, Milano 2002, pp. 152-161

ELIADE, Mircea, *Le Mythe de l'Éterne Retour. Archétipes et répétition*, Gallimard, Paris 1949; tr. it. di Giovanni Cantoni, *Il mito dell'eterno ritorno*, Borla, Bologna 1968

ELIAS, Norbert, *Über die Zeit. Arbeiten zur Wissenssoziologie II*, Suhrkamp, Frankfurt a.M. 1984; tr. it. di Antonio Roversi, *Saggio sul tempo*, Il Mulino, Bologna 1986

ENGELS, Friedrich, *Der Ursprung der Familie, des Privateigentums und des Staats*, Zürich 1884, tr. it. (condotta però sulla 4ª ed. tedesca, Stüttgart 1891) di Dante Della Terra, *L'origine della famiglia, della proprietà privata e dello Stato*, Editori Riuniti, Roma 1972[4] (1ª ed. 1963)

ERODOTO, *Storie*, tr. it. di Augusta Izzo D'Accinni, Rizzoli, Milano 1984

FARRINGTON, Benjamin, *Head and Hand in Ancient Greece*, C.A. Watts & Co., London 1947, tr. it. di Anna Omodeo, *Lavoro intellettuale e lavoro manuale nell'antica Grecia*, in ID., *Scienza e politica nel mondo antico - Lavoro intellettuale e lavoro manuale nell'antica Grecia*, Feltrinelli, Milano 1981[3] (1ª ed. 1976), pp. 157-249

FOUCAULT, Michel, *Polemics, Politics and Problematizations*, in Paul RABINOW (ed.), *The Foucault Reader*, Pentheon Books, New York 1988, pp. 381-390; tr. it. di Sabina Loriga, *Polemica, politica e problematizzazioni*, in Michel FOUCAULT, *Archivio Foucault. 3. 1978-1985. Estetica dell'esistenza, etica, politica*, Ferltrinelli, Milano, pp. 240-247

FRAZER, James, *The Golden Bough. A Study in Magic and Religion*, Macmillan, London 1922; tr. it. di Lauro de Bosis, *Il ramo d'oro. Studio sulla magia e la religione*, Bollati Boringhieri, Torino 2012

FREUD, Sigmund. *Opere*, vol. 2, Bollati Boringhieri, Torino 1989

GAISER,, Konrad *Platone come scrittore filosofico. Saggi sull'ermeneutica dei dialoghi platonici*, Bibliopolis, Napoli 1984

GALIMBERTI, Umberto, *Psiche e techne. L'uomo nell'età della tecnica*, Feltrinelli, Milano 2018[10] (1ª ed. 2002; ma in altra collana 1999)

GAUDIN, Claude, *Platon et l'Alphabet*, P.U.F., Paris 1990

GENTILI, Bruno, *L'interpretazione dei lirici greci arcaici nella dimensione del nostro tempo. Sincronia e diacronia nello studio di una cultura orale*, in "Quaderni Urbinati di Cultura Classica", vol. 8 (1969), pp. 7-21

GERMANI, Gloria, *ΑΛΗΘΕΙΗ in Parmenide*, "La Parola del Passato", vol. 43 (1988), pp. 177-206

GIANNANTONI, Gabriele (a cura di), *I Presocratici. Testimonianze e frammenti*, vol. I, Laterza, Roma-Bari, 2002[7] (1[a] ed. 1981, ma in altra collana 1979)

HAVELOCK, Eric A., *The Preplatonic Thinkers of Greece. A Revisionist History*, inedito; tr. it. di Liana Lomiento, *Alle origini della filosofia greca. Una revisione storica*, introduzione, revisione e note a cura di Thomas Cole, Laterza, Roma-Bari 1996

HEIDEGGER, Martin, *Lógos*, (1951), in ID., *Vorträge und Aufsätze*, Verlag Günther Neske, Pfüllingen 1954, pp. 207-229; tr. it. Di Gianni Vattimo, in ID., *Saggi e discorsi*, Mursia, Milano 1976, pp. 141-157

HEIDEGGER, Martin, *Was ist das – die Philosophie?*, Günther Neske, Pfüllingen 1956, tr. it. di Carlo Angelino, *Che cos'è la filosofia?*, Il Melangolo, Genova 1981

HERSCH, Jeanne, *L'étonnement philosophique. Une histoire de la philosophie*, Gallimard, Paris 1993 (ma 1[a] ed. 1981), tr. it. di Alberto Bramati, *Storia della filosofia come stupore*, Bruno Mondadori, Milano 2002

HILLMAN, James. *An Essay on Pan*, in ID., *Pan and the Nightmare*, Spring, New York 1972, pp. 3-65; tr. it. di Aldo Giuliani, *Saggio su Pan*, Adelphi, Milano 2003[13] (1[a] ed. 1977)

HOFSTÄTTER, Peter R., *Psychologie*, Fischer, Frankfurt a.M.-Hamburg 1957, tr. it. di Pietro Faglioni, *Psicologia*, Feltrinelli, Milano 1964

JACOBSEN, Theorkild, *The Intellectual Adventure of Ancient Man. An Essay on Speculative Thought in the Ancient Near East*, The University of Chicago Press, Chicago 1946, tr. it. di Elémire Zolla, *La filosofia prima dei Greci. Concezioni del mondo in Mesopotamia, nell'antico Egitto e presso gli Ebrei*, Einaudi, Torino 1963

JESI, Furio, *Mito*, ISEDI, Milano 1973

KERÉNYI, Károly, *Origine e fondazione nella mitologia*, introduzione a Carl G. JUNG - Károly KERÉNYI, *Einfürung in das Wesen der*

Mythologie, Pantheon Akademische Verlagsanstalt, Amsterdam-Leipzig 1942; tr. it. di Angelo Brelich, *Prolegomeni allo studio scientifico della mitologia*, Boringhieri, Torino 1972, pp. 11-43

KERÉNYI, Károly, *Hermes der Seelenfürher. Das Mytologem vom männlichen Lebensursprung*, "Eranos-Jahrbuch 1942", Rhein Verlag, Zürich 1943; tr. it. di Angelo Brelich, *Hermes, la guida delle anime: il mitologema delle origini maschili della vita*, in ID., *Miti e misteri*, Bollati Boringhieri 1979, pp. 50-114

KERÉNYI, Károly, *Die Mythologie der Griechen*, Rhein Verlag, Zürich 1951-1958; tr. it. di Vanda Tedeschi, *Gli dei e gli eroi della Grecia*, 2 voll., Garzanti, Milano 1984 (ma 1ª ed. Il Saggiatore, Milano 1963)

KIRK, Geoffrey S., *Myth: Its Meaning and Function in Ancient and other Cultures*, University of California Press, Berkeley 1970; tr. it. di Barbara Fiore, *Il Mito. Significato e funzioni nella cultura antica e nelle culture altre*, Liguori, Napoli 1980

KLUCKHOHN, Clyde, *Myths and rituals: a general theory*, "Harvard Theological Review", a. 35 (1942), pp. 45-79

KRÄMER, Hans, *Platone e i fondamenti della metafisica*, Vita e Pensiero, Milano 1989

LASK, André - MOST, Glenn W. (eds.), *Early Greek Philosophy*, Harvard University Press, Cambridge (Mass.)-London 2016

LEGRENZI, Paolo (a cura di), *Manuale di psicologia generale*, Il Mulino, Bologna 1997² (1ª ed. 1994)

LENNEBERS, Eric H., *Biological Foundations of Language*, London 1967

LEPORE, Ettore, *Città-stato e movimenti coloniali: struttura economica e dinamica sociale*, in Ranuccio BIANCHI BANDINELLI (a cura di), *Storia e civiltà dei Greci*, vol. 1, *Origini e sviluppo della città. Il medioevo greco*, Bompiani, Milano 1993, pp. 220-230

LEROI-GOURHAN, André, *Les religions de la préhistoire. Paléolithique*, P.U.F., Paris 1964; tr. it. di Elina Klersy Imberciadori, *Le religioni della preistoria. Paleolitico*, Adelphi, Milano 1993

LEROI-GOURHAN, André, *Les voies de l'histoire avant l'écriture*, in Jacques LE GOFF – Pierre NORA (dir.), *Faire de l'histoire*, Gallimard, Paris 1974; tr. it. di Isolina Mariani, *Le vie della storia prima della scrittura* in Jacques LE GOFF – Pierre NORA (a cura di), *Fare storia. Temi e metodi della nuova storiografia*, Einaudi, Torino 1981, pp. 59-72

LÉVY-BRUHL, Lucien, *La mentalité primitive*, P.U.F., Paris 1922; tr. it. di Carlo Cignetti, *La mentalità primitiva*, Einaudi, Torino 1966

LYOTARD, Jean-François, *Pourquoi philosopher?*, P.U.F., Paris 2012; tr. it. di Rosella Prezzo, *Perché la filosofia è necessaria*, Raffaello Cortina Editore, Milano 2013

MALINOWSKI, Bronisław, *Myth in Primitive Psychology*, Norton, London 1926

MANZI, Giorgio, *Il grande racconto dell'evoluzione umana*, Il Mulino, Bologna 2013

MANZI, Giorgio, *Ultime notizie sull'evoluzione umana*, Il Mulino, Bologna 2017

MARCHESINI, Roberto, *Post-human. Verso nuovi modelli di esistenza*, Bollati Boringhieri, Torino 2002

MARTINI, Fabio, *Archeologia del Paleolitico. Storia e cultura dei popoli cacciatori-raccoglitori*, Carocci, Roma 2008

MAUSS, Marcel, *Essai sur le don*, "Année sociologique", serie II, t. I (1923-24), tr. it. di Franco Zannino, *Saggio sul dono*, in ID., *Teoria generale della magia e altri saggi*, Einaudi, Torino 1991, pp. 155-292

MEAD, George H., *Mind, Self and Society*, University of Chicago Press, Chicago 1934

MILLER, George A., *Some Preliminaries to Psycholinguistics*, "American Psycologist", vol. 20 (1965), n. 1, pp. 15-20

MOLINATTO, Paola (a cura di), *La minorità è dentro di noi. Riflessioni su alterità, autonomia e relazione*, intervista ad Alfonso M. Iacono, "Animazione sociale", a. 31, n. 156 seconda serie, ottobre 2001, pp. 3-10

MORIN, Edgar, *Introduction à la pensée complexe*, Seuil, Paris 1990; tr. it. di Monica Corbani, *Introduzione al pensiero complesso*, Sperling & Kupfer, Milano 1993

MORIN, Edgar, *L'emergere del pensiero*, in AA.VV., *Des étoiles à la pensée*, Diogène, Paris 1991; tr. it. di Gianfranco Fiameni, AA.VV., *Dalle stelle al pensiero*, Linea d'Ombra Edizioni, Milano 1993, pp. 193-209

MUSTI, Domenico, *L'economia in Grecia*, Laterza, Roma-Bari 1999[3] (1[a] ed. 1981)

NEUMANN, Erich, *The Origins and History of Consciousness*, Pantheon, New York 1954

NIETZSCHE, Friedrich, *Die Philosophie im tragischen Zeitalter der Griechen*, (1873); tr. it. di Giorgio Colli, *La filosofia nell'epoca tragica dei Greci*, in ID., *La filosofia nell'epoca tragica dei Greci e scritti 1870-1873*, Adelphi, Milano 1991, pp. 135-223

NOVAK Joseph D. – GOWIN D. Bob, *Learning how to learn*, Cambridge University Press, Cambridge-New York 1984; tr. it. a cura di Silvia Caravita, *Imparando ad imparare*, (1984) tr. it. SEI, Torino 1989

PAPESSO Valentino (a cura di), *Inni del Ṛgveda*, Ubaldini Editore, Roma s.i.d.

PAPI, Fulvio, *Capire la filosofia*, Ibis, Como-Pavia 1993

PHILIPPSON, Paula, *Untersuchungen über den griechischen Mythos – Thessalische Mythologie*, Rhein Verlag, Zürich 1944; tr. it. di Angelo Brelich, *Origini e forme del mito greco*, Boringhieri, Torino 1983

PLATONE, *Teeteto*, tr. it. di Luca Antonelli, Feltrinelli, Milano 2009[4] (1[a] ed. 1994)

PREUSS, Konrad Theodor, *Die religiöse Gehalt der Mythem*, Mohr, Tübingen 1933

PRIULI, Ausilio, *Le incisioni rupestri dell'Altopiano dei Sette Comuni*, Priuli & Verlucca Editori, Ivrea 1983

REALE, Giovanni, *Per una nuova interpretazione di Platone. Rilettura della Metafisica dei grandi dialoghi alla luce delle dottrine 'non scritte'*, Vita e Pensiero, Milano 1991[11] (ma 1[a] ed. CUSL, Milano 1984)

ROHRACHER, Hubert, *Die Arbeitsweise des Gehirns und der psychologhiscen Vorgänge*, Barth, München 1953

SCARAMELLA, Sergio, *Le incisioni rupestri della Val d'Assa. Il riparo di S. Antonio*, "Quaderni di Cultura Cimbra", n. 17 (1985), pp. 3-12

SEVERINO, Emanuele, *Legge e caso*, Adelphi, Milano 2002[5] (1[a] ed. 1979)

SLOTERDIJK, Peter, *Im Weltinnenraum des Kapitals*, Suhrkamp Verlag, Frankfurt a.M. 2005; tr. it. di Silvia Rodeschini, *Il mondo dentro il capitale*, Meltemi, Roma 2006

SNELL, Bruno, *Die Entdeckung des Geistes. Studien zur Entstehung des europäischen Denkens bei den Griechen*, Vandenhoech & Ruprecht, Göttingen 1946, tr. it. di Vera Degli Alberti - Anna Solmi Marietti, rivista da Marta Rosso, Luiss University Press, Roma 2021, pp. 183-203

SOHN-RETHEL, Alfred, *Geistige und körperliche Arbeit. Zur Theorie der gesellschaftlichen Synthesis*, Suhrkamp Verlag, Frankfurt a.M. 1970; tr. it. di Vera Bertolino e Francesco Coppellotti, *Lavoro intellettuale e lavoro manuale. Per la teoria della sintesi sociale*, Feltrinelli, Milano 1979^3 (1^a ed. 1977)

TATTERSALL, Ian, *Masters of the Planet. The Search of Our human Origins*, St. Martin's Press, New York 2012; tr. it. di Allegra Panini, *I signori del pianeta. La ricerca delle origini dell'uomo*, Codice Edizioni, Torino 2013

TODOROV, Tzetan, *La conquête de l'Amerique. La questione de l'autre*, Éditions du Seuil, Paris 1982; tr. it. di Aldo Serafini, *La conquista dell'America. Il problema dell'"altro"*, Einaudi, Torino 2012 (ma in altra collana 1984)

TOMASELLO, Michael, *The cultural origins of human cognition*, Harvard University Press, Cambridge, Mass. 1999; tr. it. di Maurizio Riccucci, *Le origini culturali della cognizione umana*, Il Mulino, Bologna 2005

VANNINI, Marco, *Il volto del Dio nascosto. L'esperienza mistica dall'Iliade a Simone Weil*, Mondadori, Milano 1999, ristampato col titolo *Storia della mistica occidentale*, Mondadori, Milano 2010; ora, in edizione rivista e aggiornata, Le Lettere, Firenze 2018, pp. 51-63

VEGETTI, Mario (a cura di), *Polis e economia nella Grecia antica*, Zanichelli, Bologna 1975

VERNANT, Jean-Pierre, *Les origines de la pensee grecque*, P.U.F., Paris 1962

VERNANT, Jean-Paul, *Les origins de la philosophie*, in Christian DELACAMPAGNE - Robert MAGGIORI (éds.), *Philosopher. Les Interrogations contemporaines*, Fajard, Paris 1980, pp. 463-471

VERNANT, Jean-Pierre - VIDAL-NAQUET, Pierre, *Travail & esclavage en Grece ancienne*, Editions Complexe, Bruxelles 1988 (ma 1ª ed. Editions La Découverte, Paris 1985)

WALSER, Robert, *Der Spaziergang*, in ID., *Seeland*, Rascher Verlag, Zürich 1919; tr. it. di Emilio Castellani, *La passeggiata*, Adelphi, Milano 2008[18] (1ª ed. 1976)

WERTHEIMER, Max, *The Syllogism and Productive Thinking*, in Willis D. ELLIS (ed.), *A Source Book of Gestalt Psychology*, London 1950; poi in J. M. MANDLER – G. MANDLER (eds.), *Thinking: From Association to Gestalt*, London 1964

WITTGENSTEIN, Ludwig, *Bemerkungen über Frazers "The Golden Bough"*, "Synthese", vol. 17 (1967), n. 1, pp. 233-253; tr. it. di Sabina de Waal, *Note sul "Ramo d'oro" di Frazer*, Adelphi, Milano 2013[9] (1ª ed. 1975)

WULF, Christoph, voce *Rito* in Christoph WULF (hsrg.), *Von Menschen. Handbuch Historische Antropologie*, Beltz Verlag, Weinheim-Basel 1997; tr. it. di Andrea Borsari, *Cosmo, corpo, cultura. Enciclopedia antropologica*, Bruno Mondatori, Milano 2002, pp. 1054-1062

WULF, Christoph (hrsg.), *Vom Menschen. Handbuch Historische Anthropologie*, Beltz Verlag, Weinheim-Basel 1997; ed. it. a cura di A. Borsari, *Cosmo, corpo, cultura. Enciclopedia antropologica*, Bruno Mondadori, Milano 2002

ZACCARIA, Gino, *Il Λόγος e lo Ἕν Πάντα in Eraclito*, in Martin HEIDEGGER, *Che cos'è questa cosa (che chiamiamo) filosofia? [Was ist das – die Philosophie?]*, a cura di Gino Zaccaria, EGEA-Università Bocconi, Milano 1998, pp. 14-26

ZOLLA, Elémire, *I mistici dell'Occidente*, Garzanti, Milano 1963; nuova edizione riveduta, Adelphi, Milano 1997

Quarta di copertina

La filosofia si è spesso presentata come discorso interpretante i limiti e le capacità del *pensiero* umano. Questo è stato possibile a partire dall'attestarsi di un uso consapevole dello stesso pensiero concettuale e astratto. Questa consapevolezza sarebbe accaduta in un tempo e in una dislocazione spaziale ben precisi: nell'antica Grecia. Le pagine che seguono vorrebbero delineare, allora, alcune ipotesi storiografiche attorno all'intrecciarsi di certune delle istanze che avrebbero permesso il costituirsi di quell'ordine di pensiero definibile appunto come *filosofia*. Da un punto di vista didattico, le analisi proposte vorrebbero anche proporsi come un primo momento di riflessione nell'avviamento allo studio della disciplina, particolarmente centrato sulla disamina di alcuni nuclei problematici, la cui intellezione è ritenuta essenziale per una adeguata comprensione del sorgere della filosofia stessa e del suo specifico regime discorsivo e veritativo.

Sergio A. Dagradi

Sergio A. Dagradi è docente di ruolo nei licei, svolgendo al contempo attività di ricerca presso università pubbliche e istituzioni private. Suoi scritti sono apparsi in riviste italiane ed estere. Ha pubblicato i volumi *Il Vuoto e la Carne: il pensiero filosofico e la problematizzazione della sessualità* (Bonomi, Pavia 2002) e *Nel Vuoto. Tra filosofia e senso dell'esistenza umana* (Mimesis, Milano-Udine 2023). Presso questa casa editrice sono apparsi *L'incerto Sé* (2014) e *Filosofia del pendolare* (in collaborazione con Lucia Canino, 2016).

www.ingramcontent.com/pod-product-compliance
Lightning Source LLC
LaVergne TN
LVHW040046180726
843489LV00003B/1016